粤港澳观察蓝皮书(2019—2020)
大湾区的挑战与应变

中国城市规划设计研究院粤港澳研究中心
中国城市规划设计研究院深圳分院　　组织编写
范钟铭　方　煜　赵迎雪　等编著

中国建筑工业出版社

审图号：图审字（2022）02031号

图书在版编目（CIP）数据

粤港澳观察蓝皮书.2019—2020：大湾区的挑战与应变／中国城市规划设计研究院粤港澳研究中心，中国城市规划设计研究院深圳分院组织编写；范钟铭等编著.—北京：中国建筑工业出版社，2022.3

ISBN 978-7-112-27037-8

Ⅰ.①粤… Ⅱ.①中…②中…③范… Ⅲ.①城市群－区域经济发展－研究－广东、香港、澳门 Ⅳ.①F299.276.5

中国版本图书馆CIP数据核字（2021）第276074号

责任编辑：兰丽婷　石枫华
版式设计：锋尚设计
责任校对：王　烨

粤港澳观察蓝皮书（2019—2020）　大湾区的挑战与应变
中国城市规划设计研究院粤港澳研究中心
中国城市规划设计研究院深圳分院　组织编写
范钟铭　方　煜　赵迎雪　　　　　等编著
　　　　　　　　　　　　　　＊
中国建筑工业出版社出版、发行（北京海淀三里河路9号）
各地新华书店、建筑书店经销
北京锋尚制版有限公司制版
天津图文方嘉印刷有限公司印刷
　　　　　　　　　　　　　　＊

开本：850毫米×1168毫米　1/16　印张：11¼　字数：259千字
2022年5月第一版　　2022年5月第一次印刷
定价：168.00元
ISBN 978-7-112-27037-8
（38830）

版权所有　翻印必究
如有印装质量问题，可寄本社图书出版中心退换
（邮政编码100037）

编委会名单

主　　　任　　王　凯
主　　　编　　范钟铭　方　煜
副 主 编　　朱荣远　王泽坚　罗　彦　戴继锋
执 行 主 编　　赵迎雪
文 字 统 筹　　石爱华　赵　亮
图 纸 统 筹　　孙文勇　许丽娜
主要编写人员　　石爱华　刘　岚　孙文勇　樊德良　樊明捷　邱凯付　赵　亮
　　　　　　　　张馨月　牛宇琛　郑　琦　白　晶　冯楚芸　黄诗贤　黄斐玫
　　　　　　　　刘为煜　李福映　郑清菁　孙　婷　李春海

序
Preface

2019年和2020年是世界形势发生翻天巨变的两年，全球新冠肺炎疫情不仅导致世界经济和中美关系进一步恶化，全球化开始退潮，在产业链全面收缩的影响下，中国提出以国内大循环为主的国内国际双循环发展新格局。与此同时，全球新冠肺炎疫情也开始让更多的城市尤其是城市群开始反思高密度下的空间治理问题。对于粤港澳大湾区而言，未来世界级城市群的建设不仅面临着对外开放环境变化所带来的外向型经济结构性压力，尤其是充分暴露了科技创新链条中基础研究与核心技术不足所带来的短板局限，而且还由于人口等生产要素的高度集聚，面临更为严峻的空间治理压力。

2019年2月18日发布的《粤港澳大湾区发展规划纲要》（以下简称《湾区纲要》）和同年8月18日发布的《中共中央 国务院关于支持深圳建设中国特色社会主义先行示范区的意见》（以下简称《示范区意见》），使得粤港澳大湾区由于"一国两制"的独特性而在国家战略部署中的地位获得提升，并被赋予新的重要使命，即建设充满活力的世界级城市群，成为高质量发展的典范，同时继续发挥深圳的先行示范作用。世界格局的重大变化以及粤港澳大湾区所拥有的经济的外向型、要素的高密度等典型特征，虽然让大湾区开始面临更大的挑战，但对其挑战的应变同时也具有了更重要的时代意义。一方面，粤港澳大湾区要继续发挥港澳在经济上的优势，以更加开放包容的心态，在中国对外开放中继续发挥超级联系人作用，同时，调整和完善面向内循环与科技竞争的产业链结构，破解外向型经济的困境，适应双循环新发展格局的要求，从而为中国的经济转型、产业链完型、双循环发展等率先探索可行的路径。另一方面，中国城镇化已经进入城市群和都市圈主导阶段，但与欧美等国家相比，中国城市群多数已经或将要面临高密度发展的困境，面向高质量发展的高效、协同的新型空间治理模式亟待建立，兼具"一国两制"等多元制度的粤港澳大湾区更迫切的需要先行破局，为中国尤其是城市群地区空间治理的现代化提供经验借鉴。

从珠三角到粤港澳大湾区，伴随着历史的变迁与经济的发展，大湾区以充分的弹性和极强的韧性一次次战胜内外的挑战，并始终以优异的成绩屹立在中国乃至世界的城市群之林。虽然全球疫情仍在延绵，世界经济尚未复苏，科技竞争更加激烈，甚至内部依然面临着民生短板、创新瓶颈等一系列问题，但我们相信，粤港澳大湾区凭借其开放包容、自强不息、灵活应变的精神，必将完美地完成这一次共建世界级大湾区、成为高质量发展的典范的重要使命。

经过几年的探索，《粤港澳观察蓝皮书》已经成为以粤港澳大湾区为核心主题的重要学术研究与交流平台，通过持续的跟踪观察，中国城市规划设计研究院深圳分院与粤港澳研究中心以前瞻的视野和独特的观点对粤港澳大湾区现状特征和未来发展进行判断，并集结了"湾区论坛"和"城PLUS"上基于项目实践和多元视角的分析研究，为大家提供了全方位解读粤港澳大湾区、认知粤港澳大湾区的丰富的学术成果与开放的交流平台。在此诚挚地感谢大家的支持与辛苦付出！

2021年7月26日

王凯

内容提要
Executive summary

本书是在中国城市规划设计研究院粤港澳研究中心组织编写的粤港澳大湾区两届规划论坛会议材料——"粤港澳观察蓝皮书（2019）""粤港澳观察蓝皮书（2020）"的基础上，同时收录两届湾区对话的会议成果及"城PLUS"相关微信文稿，形成湾区观察、湾区见解、湾区对话三大部分。

首先，在湾区观察部分，第1章重点研究全球趋势叠加新冠肺炎疫情对中国带来的重大影响，并在分析《湾区纲要》和借鉴他山之石的基础上对粤港澳大湾区未来发展趋势与目标路径进行研判，聚焦粤港澳大湾区未来发展的国家使命和战略路径。第2章从生态、人文、创新、互联、协同五大湾区的视角进行较为系统的论述，针对湾区未来发展应变提出独立见解和学术分析。

此外，粤港澳研究中心的"城PLUS"公众号，囊括了长期关注粤港澳地区的各领域专家学者。本书在取得各专家学者认可前提下，将2019~2020年的重点研究文章整理为国家使命担当、区域战略合作、深圳40周年3个部分收录在第3~第5章，针对专家学者关注的具体研究，汇集为全方位、多视角的学术出版物。

最后，粤港澳研究中心依托中国城市规划设计研究院深圳分院力量，对2019年和2020年两次粤港澳大湾区对话的成果进行了系统的文字整理，并紧扣当时对话的主题，最终形成"第6章 世界格局动荡下的湾区发展应变"及"第7章 全球疫情冲击下的健康湾区思考"。

本书是目前粤港澳大湾区国家宏观战略及背景下的重要研究之一，并由于全方位、多视野在地专家的共同研究和学术观点，受到了政府、社会及研究机构的广泛关注与高度认可，对粤港澳大湾区区域及城市研究的学术和规划实践具有一定的指导意义和参考价值。与此同时，通过湾区对话这个平台，我们希望所有关心粤港澳大湾区的专家、学者、规划师、管理者都参与进来，为建设充满活力的世界级城市群共同献策献力，欢迎您通过邮箱 greatbayarea_caupd@163.com，或扫描下方二维码，关注"城PLUS"微信公众号。期待您的进言和投稿，让不同的声音和观点在这里交流和碰撞，为粤港澳大湾区的健康成长凝聚共识！

目录
Contents

- V 　序
- VI 　内容提要

001 Part A 第一部分
湾区观察

002	**第 1 章**	**湾区价值**
002	1.1	全球趋势：疫情催速时代巨变
012	1.2	湾区判断：未来发展新范式
029	1.3	方向路径：建设充满活力的世界级城市群
041	**第 2 章**	**五大湾区**
041	2.1	生态湾区：高密度下的健康休闲保障与风险预警防控
047	2.2	人文湾区：提升文化魅力，补足民生短板
055	2.3	创新湾区：消费升级与对外开放重塑"双循环"产业链
069	2.4	互联湾区：构建高效、绿色、智慧的"流"服务系统
076	2.5	协同湾区：后疫情时代下的现代治理模式创新

083 Part B
第二部分
湾区见解

084	**第 3 章**	**国家使命担当**
084	3.1	粤港澳大湾区的创新发展
090	3.2	大湾区城市群的创新协作
100	**第 4 章**	**区域战略合作**
100	4.1	构筑全球超级都会：规划（落子）广佛高质量发展融合试验区
105	4.2	粤港合作先锋：罗湖口岸的三个愿景
109	4.3	珠澳多元产业图谱：大湾区"第三极"的选择
114	**第 5 章**	**深圳 40 周年**
114	5.1	特区 40 周年：从深圳到深圳都市圈
122	5.2	深圳自主创新发展的经验与启示
127	5.3	产业用地：深圳经济的空间投影

Part C 第三部分
湾区对话

第 6 章　世界格局动荡下的湾区发展应变
- 6.1　从"特区突围"到"双区驱动"，深圳城市实践的历史经验和未来使命
- 6.2　大湾区：从外循环到内循环
- 6.3　创新与城市空间格局变化——初步的国际比较
- 6.4　强化香港成为大湾区国际商务核心的策略考虑

第 7 章　全球疫情冲击下的健康湾区思考
- 7.1　健康视角下的大都市圈结构思考
- 7.2　疫情影响下的国际国内产业格局与中国发展策略
- 7.3　疾病、侦探与数据

后记

Part A 湾区观察
第一部分

本部分内容主要是基于全球趋势以及国家所赋予湾区使命的变化对粤港澳大湾区价值进行判断，并从生态、人文、创新、互联、协同等五大湾区的视角提出策略方向。

2019~2020年，粤港澳大湾区被赋予建设世界级城市群、成为高质量发展的典范的重要使命，但在中美博弈纵深推进、新冠肺炎疫情施虐全球、世界形势风云变幻的外在环境下，从高质量发展的视角对发展短板的风险规避在未来的应变中显得更为重要，因此，从五大湾区的角度构建面向科技创新、可持续发展的系统性策略成为此次湾区观察的关键性切入点。

第 1 章
湾区价值

1.1 全球趋势：疫情催速时代巨变

1.1.1 全球化收缩与新自由主义终结

1.1.1.1 导火线：全球疫情与经济危机

新冠肺炎疫情作为一次重大公共安全危机已逐渐转化为全球性的经济停摆和政治博弈。疫情剥开了全球政治经济体系的内在危机和隐性冲突，接下来它将引发多大范围、多长时间和多大程度的经济衰退及连锁反应，并将如何改变世界政经格局？这是任何一个开放经济体在2020这个魔幻年度都不得不面对的重大议题。

1. 全球疫情走向与经济走势

发达国家疫情大概率于2020年的5月末至7月末达到峰值（参见英国帝国理工大学报告[1]），而第三世界国家由于缺乏检测和医疗条件，疫情走向仍充满不确定性（除中国以外的发展中国家的新增确诊病例数自2020年5月以来急速升高）——以国家乃至次大陆为单元的疫情失控或再度爆发，将可能大幅延长各国经济冻结与边境隔离的期限，直至2020年底或2021年初新冠肺炎疫苗上市并普及。

而最终我们是走向长期而系统性的经济大萧条，还是经历中短期的经济衰退之后温和复苏，既取决于疫前世界经济的基本面，也取决于各经济体应对疫情和经济危机的国际战略和国内方案。1929年的经济大萧条是在缺乏有效干预金融市场的货币政策工具的条件下，从股市暴跌、金融体系崩溃进一步引发消费需求急剧萎缩、企业失血倒闭等一系列连锁反应，从而引发了全球性的经济危机，而目前主要经济体所面临的流动性风险仍可以通过阶段性的货币和财政政策得到化解，暂时不至于冲击到银行体系并引发大规模后续危机，但另一方面，如果新冠肺炎疫情长期持续，实体经济出现严重的供需断裂，反过来冲击金融体系并形成系统性危机，则可能生成长期经济风险，因此，我们需要认真对待新冠肺炎疫情造成的经济衰退，这轮衰退是中国改革开放40年以来所从未经历过的，其冲击之强和持续之长将超过2008年的金融危机[2]。

图 1-1　2020 年上半年不同经济体每日新增新冠肺炎病例数
资料来源：Opentable, CAPA, CEIC, 中金公司研究部；数据来源：约翰·霍普金斯大学；世界银行

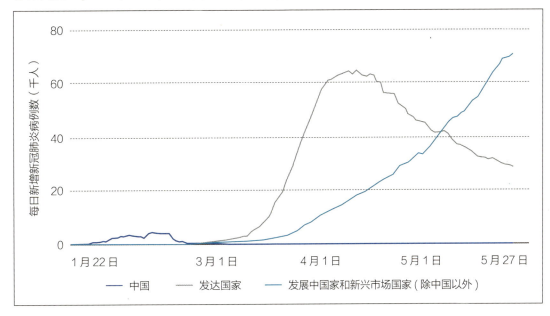

图 1-2　不同情境假设下的全球 GDP 预测
资料来源：Bloomberg Economics
注：如果出现第二次疫情，全球 GDP 在 2020 年可能收缩 5.4%；另一种可怕的衰退情境是，全球 GDP 可能收缩 6.8%

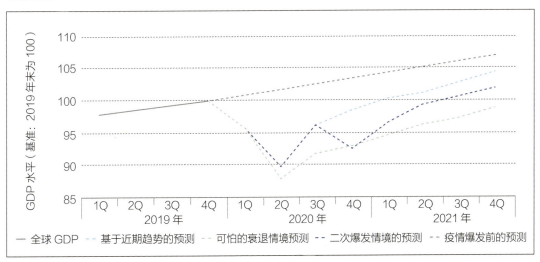

2. 结构性危机与冲突激化

（1）全球性生产过剩被疫情加速放大

全球产业价值链的固化导致国家间贫富差距加大，同时，各国内部阶层固化导致国内贫富两极分化加剧，资本垄断和财富集中度不断加深，最终导致全球性的消费需求萎缩（富国/富人财富增

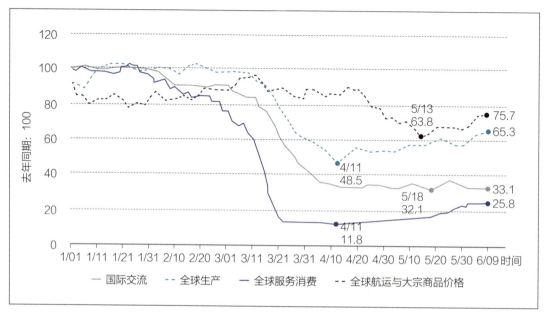

图1-3 中金日度全球经济活动指数的分项指标
资料来源：Opentable, CAPA, CEIC, 中金公司研究部

长的消费效应极低，而穷国/穷人则严重缺乏消费购买力）与日渐过剩的产能之间发生更大的矛盾。

　　这一全球性的生产过剩和经济疲软，经过新冠肺炎疫情被进一步放大。随着疫情的稳定和弱化，各国供给端的产能将逐渐恢复，但是需求端却很难整体恢复到疫前水平。从企业来看，疫情导致停工停产，企业因此裁员，甚至破产，导致投资需求下降，而失业上升也影响消费需求。停工停产还可能导致违约，推升银行坏账率，制约银行的放贷能力，不利于扩大需求。从家庭来看，疫情导致社交隔离，居民减少外出，使得消费下降，储蓄率被动上升。疫情的冲击始于供给端，疫后的复苏也将始于供给端，这是其与一般的经济复苏的不同之处[3]。全球供需矛盾的进一步扩大，势必引发各国贸易保护主义政策的进一步推广和深化。特别是对我国，在他国复苏进度慢于我们的情况下，外需复苏对我国经济的促进作用不宜高估，大量的外向型行业将面临产能过剩的局面。

　　（2）世界工厂崛起对南北格局的冲击

　　自1990年代以来，相对于南—南、南—北国家之间，北—北国家之间的贸易呈下降趋势，而FDI呈上升趋势；我国与发达国家之间逐渐从以产业间贸易，向产业间与产业内贸易混合的外贸模式升级，我国的制造业也逐渐从最初的要素驱动增长模式向生产率驱动模式转化——基于我国巨大的经济体量，这一系列变化意味着全球价值链的重新洗牌。

　　全球产业的梯度转移导致以美国为代表的发达国家的产业空心化，伴随产业空心化的经济金融化和服务化进一步加剧社会阶层和收入的两极分化。而此次新冠肺炎疫情所带来的经济停摆和大面积失业，势必进一步激化各国民族主义和贸易保护主义情绪，向各国政府进一步施加逆全球化的压力。

图 1-4　不同类型国家间商品出口占全球份额变化
资料来源：DOTS & Fund staff calculation

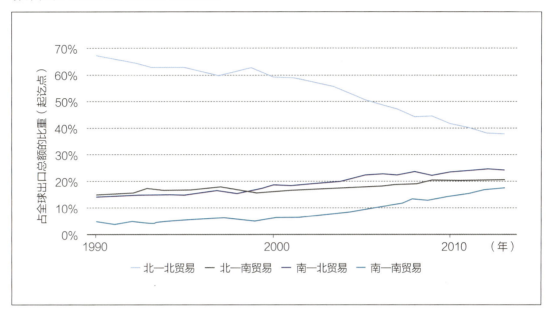

1.1.1.2　新常态：全球化的收缩与重构

在新冠肺炎疫情的助推之下，全球化的收缩与重构已成大势，尽管我们无法预测这一过程的精确走向，但是如果能理解其间的结构性逻辑，至少可根据不同的潜在发展态势采取不同的策略组合与时空战略，从而在全球政治经济格局的重构中赢取更多有利条件。

1. 产业脱钩与国际贸易收缩

以效率和利润的部分损失为代价换取生产经营的安全稳定和环境友好，将可能是疫情之后大部分国家采取的产业策略：一方面，新冠肺炎疫情向各国充分暴露了产业链全球分布（或过度国际分工）的安全问题——当阻断国际商贸流通的公共危机到来之时，紧密协作的国际分工体系可能引发重要必需品在部分国家的严重短缺，另一方面，从环境视角来看，长距离产业链的过度发展对全球生态环境及气候变化也产生了一定的负面影响[4]。

经历此次疫情，世界各国再次认识到本国制造业对国家安全和就业保障的重要意义，从而加速将涉及国计民生和安全保障的制造业向本国回归。同时，为减少对特定国家尤其是中国的产业依赖，将可能在世界范围内进行相对分散的产业布局和贸易采购。全球长臂产业链和供应链以此会缩短，区域性、本地化的产业和贸易格局的重构正在进行中，国际产业分工和国际贸易都将由此出现结构性收缩和再组织，逆全球化浪潮在所难免——建立在主权经济之上的"有限的全球化"，可能是未来一段时期内世界经济体系发展的主旋律[5]。

2. 全球价值链与经济格局重构

在知识经济时代，随着无形资产和智力资本在资本结构中所占比例的持续上升，技术与知识对生产效率的影响越来越大。新冠肺炎疫情之前，从全球价值链的角度来看，不同经济发展梯队的国家在前沿技术创新及相关经济增长上的整体差距还在持续扩大[6]，最前沿的技术创新活动仍在持续向少数国家的创新中心区域集聚。

然而中国的情况不同。20世纪80年代以来的这一波全球化浪潮中，中国经济发展所抵达的体量、广度和深度已经超出西方各国所能预警和接受的范畴。当美国政府发动贸易战对华为等中国高科技企业进行断供和封锁之时，中国的高科技产业及其产业链的本土化即进口替代已经开始：[7]一方面，中国有发展高科技产业的基础，其不仅是全球唯一一个拥有联合国产业分类中全部工业门类的国家，同时还拥有数量庞大的高素质劳动力和相对完善的基础设施；另一方面，高企的劳动力成本（2019年中国的人均GDP已经突破1万美元）也倒逼我们从传统资源和劳动密集型产业向高附加值、高技术含量的先进制造业与服务业进行拓展和转型，而以美国为代表的西方国家对我国的技术封锁无疑从外部加速了这一进口替代的过程。

如果说逐步升级的国际贸易争端在某种程度上助推了中国高科技产业链的加速本土化，那么新冠肺炎疫情的冲击也促使欧美下定决心将国家安全相关产业向其本土回迁或者向其"朋友圈"国家转移。而欧美大量引领科技发展潮流的前沿性科技创新正是脱胎于国防、通信、生物医药等国家安全相关产业。相对于短期的核心技术和产品断供而言，科技封锁和产业回流对我国科技进步的长期影响更加不可低估。

1.1.2 中国短期脱钩与价值链重塑

全球市场绝不仅仅是一个自由主义的游乐场，更是一个等级森严的攻防战场——对新兴经济体来说，若要沿着全球市场的价值链向上攀援，对内持续稳健地推进产业完形和制度改进固然是必由之路，对外积极谋求正面支持性的国际政治经济环境也不可或缺。

对于全球化不同层面的演化机理，纽约大学的潘卡吉·盖马沃特教授曾经作出如下判断："全球化的深度，即相对于国内活动而言，国际流动的强度已经放缓，但还没有到逆转的程度。更确切地说，在贸易流动深度呈下降趋势的同时，资本和人员流动深度呈缓慢上升趋势，信息流动深度呈快速上升趋势……新兴经济体已经像发达经济体一样，深度融入国际贸易流动，但发达经济体融入国际资本流动的程度大约是新兴经济体的4倍，融入人口流动的程度是其5倍，信息流动的强度是其9倍。因此，在全球化的背景下，新兴经济体在这些方面远远落后于发达经济体。如果新兴经济体在发展过程中变得更接近于发达经济体，这将为国际活动的非贸易部分提供强有力的增长来源"。

1.1.2.1 再隔离：一个世界与两个体系

从国际战略格局来看，第二次世界大战后形成的基于以联合国为核心、主权国家为主体、美国为绝对领导者的国际组织阵列而运转的国际秩序，正在新冠肺炎疫情的刺激下加速坍缩[1]。在这里，我们有两个趋势性的判断：一方面，以国家为单元的传统国际组织的协同功能面临弱化和虚化，但其博弈属性却可能逐渐增强，成为主权国家或国家同盟进行利益博弈或政治斗争的工具；另一方面，基于共同价值逻辑和协同发展需求的近域或区域性国际组织却可能出现升温，其参与主体也将更多地从以主权国家为单元的传统模式，转向以经济组织或非政府组织等非官方主体为参与单元的新模式——在政治主导的全球化收缩的浪潮之下，如何促进经济和文化活动突破封锁，形成跨越国界的要素流动和正向循环，成为新型国际秩序的重要探索方向。

可以说，在"一个世界"的国际秩序逐渐弱化和虚化的同时，一个更加多极化、多层次的国际体系呼之欲出，"两种体系"或多种体系将可能是未来很长一段时间内我们所要面对的发展背景——这要求我们不仅要关注自身在全球经济价值链体系中的攀升，更要关注与他者建立多层次、多维度的实质性国际合作关系的方向与路径——正如新加坡国立大学东亚研究所郑永年教授在其《国际秩序倒坍了》[8]一文中所述：

"新秩序肯定不会通过修补旧秩序而造就。历史经验表明，新秩序必然起于区域和局部，自区域秩序和局部秩序而扩展延伸为国际秩序。……无论是中美贸易战，还是由新冠肺炎疫情引起的中国和美国、中国和西方的角力，都表明世界正朝着'一个世界、两个体系、两个市场'转型。如果现存国际组织被弱化，'一个世界'必然被虚化，两个体系、两个市场便是实体。"

从中国自身发展战略来看，作为人口和制造业大国，中国具备巨大的市场规模优势和相对完备的供应链优势。作为技术后进国家，我们还具有短期内进行快速技术追赶的后发优势。供应链结构相对多元完整，使我们具备多元融合、交叉创新的潜力。而市场体量的优势，使我们能够将技术和产品大规模投入市场取得规模效应，并根据市场需求进行快速反应，推进供应链进化以及产品和工艺创新。然而长期对快速技术复制及其大规模市场红利的路径依赖，一定程度上削弱了我们深化制度学习与突破性创新的原动力。同时，中国作为当今世界第二大经济体，相对于小型经济体来说，在要素结构和制度转型方面也具有较大的惯性，其经济崛起对国际政经格局的影响也更为显著，遭遇的外部阻力也更加巨大。

新冠肺炎疫情之下，国际市场整体需求继续萎缩，各国特别是西方发达经济体针对中国进行定向产业脱钩与贸易收缩，此时我国产业发展战略更应继续以供给侧结构性改革为核心策略，在产业链完形（补齐产业链中的空白和短板环节）、科创升级（推进突破性和原创性的科技创新和工艺革新）的基础上，不断调整优化，加强整装产品生产和高端服务供给能力以及原始创新能力，而不只是继续停留在代工和组装的低端环节[9]。在技术封锁的国际环境之下，科创升级相对于产业链完形而言显得更为关键。

在推动创新升级的过程中，我们不仅要重点关注对科技创新的直接推动，更需要对关键性生产和分配制度进行系统性改进和创新，以推动经济从资源驱动型增长模式向全要素生产率驱动增长模式转型——不仅包括生产体系相关制度的转型，以促进更高质量和更具创新性的资本密集型和技术密集

---

[1] 新冠肺炎疫情期间，美国宣布将退出世界卫生组织，这也是美国此前一系列"退群"行动的续曲（包括退出跨太平洋伙伴关系协定、联合国教科文组织、联合国人权理事会、巴黎气候协定等）。

型的产品与服务的供给；还包括经济分配制度和社会服务体系的改革，改善普通民众的福利环境，形成足够规模的中产阶级人群，使社会为之提供创造性生产和创意性消费所需的知识、技能和消费品。

在需求一侧，后疫情时代则需要进一步扩大对外开放，坚定而审慎地推进"一带一路"等国际合作发展倡议，在部分既有市场萎缩或受限的情况下，努力开拓新的市场边界和国际分工架构，通过进一步融入世界经济体系，推动深化国内的供给侧改革——在拓宽国际市场空间的同时，赢得国内科创加速和制度改革的宝贵时间，也赢得处理国际关系、重建合作共识的时间。

1.1.2.2 新格局："一带一路"与价值重构

如前所述，中美贸易战以来，全球政治经济格局正在发生深刻的变化。在地缘冲突、贸易摩擦、科技壁垒、国际制裁导致全球贸易和投资大幅减速的背景下，全球产业分工和供应链的重构也在所难免。新冠肺炎疫情的爆发使全球供应链体系受到进一步重创，商品、服务、人员乃至资本的跨境流动严重受阻。未来，全球经济一体化的进程将受到多边贸易体制动荡、大流行病等非传统挑战的制约，更会受到多国国内民粹主义重新抬头的影响。

总体来看，我国对外经济联系与技术交流将从全球化、广谱性的对流与合作，更多地向近域化、建立在价值共识基础上的深度链接转型。从我国对外经济联系的空间格局来看，以"一带一路"倡议为核心的环印度洋地区的经贸合作将是未来前景最为积极的发展方向，与之对应的政策制度探索和空间响应策略也将进入深水区和攻坚期。而我国与环太平洋和环大西洋地区的相当比例的发达国家之间则将面临大面积经济脱钩的风险（至少在中短期内），我们所遭遇到的技术封锁和市场壁垒也将愈演愈烈，以往全球化正向流动情况下我国作为一个转换枢纽参与世界经济的双循环结构将受到重大冲击。

图1-5 双循环结构下的枢纽中国
资料来源：作者基于中国城市规划设计研究院"'一带一路'空间战略研究"课题成果及外交学院施展教授著作《枢纽》《溢出》修改绘制

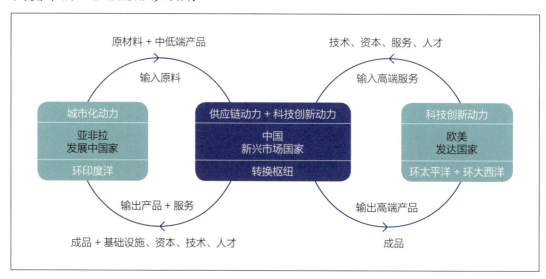

下面，我们从外贸出口和投资联系的方向、数量和结构等方面，对我国对外经济联系的发展方向和互动机制进行回顾与展望：

环印度洋地区已成为全球城市化动力最强劲、经济增长潜力最大的地区，以外贸出口总量来看，中国的国际贸易主导方向将从环太平洋转向环印度洋，从远程贸易为主转向远程贸易和近域贸易相结合。欧美发达国家是中国外贸出口的传统市场，但从2008年金融危机开始，东南亚、南亚、中亚以及拉丁美洲、非洲等第二、第三梯队国家成为中国对外出口的新方向。中国对亚洲国家和地区的出口额自2000年以来保持年均25%的速度增长，占中国出口总额的比重从2000年的12%提高到2013年的23%，2018年更是达到45%左右。2008年后中国对东盟、拉丁美洲和非洲等新兴市场的出口占比有明显提高，传统发达市场如北美和欧盟则比重下降。未来，随着多国贸易战的升级和新冠肺炎疫情的全球蔓延，我国与环太平洋地区的进出口流动将进一步受阻，而更加依赖于"一带一路"倡议下的环印度洋地区的外贸进出口联系和更为紧密的经济技术交流与合作。

此前，中国在世界贸易格局中的地位已从底层逐步上升到中间层次，获得输入与输出全球布局的重大机遇。中国正由投资的承接地向投资国转变，呈现高水平的"引进来"和大规模"走出去"并存的特征。2000年以前，中国对外投资额一直小于50亿美元，2019年，中国吸收外资总额和对外直接投资总额则分别达到1381亿和1106亿美元。同时，中国与世界贸易第三层级的国家在发展水平上已逐步拉开梯度差异。从城镇化发展水平上看，环印度洋部分新兴市场国家和地区城镇化率不足30%，2019年中国城镇化率则已突破60%。从工业化发展阶段上看，中国已进入工业化中后期，而部分新兴市场国家和地区仍处于工业化初期。从产业结构来看，大部分环印度洋国家的主导产业依赖其资源禀赋，以能源、资源开发和初级制造业为主，与中国以汽车制造业、电子信息产业、住宅房地产产业为主导的产业结构形成了落差。因此，它们是中国差异互补潜力市场，也是未来产业、技术、资本和文化输出的重要目的地[10]。

现阶段，中国一方面要进一步扩大对外开放的广度和深度，积极促进与发达国家之间经贸联系，在抓住时机继续强化我国供应链优势的同时，持续提升我国在科技创新引领的自身实力与对外交流；另一方面，我国仍需进一步扩展与环印度洋地区，特别是"一带一路"沿线新兴经济体的贸易总量和经济技术交流深度，充分利用国内的市场潜力、资本实力和建设能力，抓住时机进行全球布局，转移过剩产能，提升综合国力，有效抵御外部风险。

1.1.2.3 区域化：城镇群竞争战略凸显

随着国家区域空间战略的调整，城镇群取代城市推动我国城镇化进入下半场，通过率先突破科技创新等短板以推进都市圈建设等区域治理模式的优化，将更好地发挥区域合作与产业链优势，成为引领经济发展和全球竞争的核心引擎，尤其是京津冀、长三角、粤港澳大湾区等城市群，更是以世界级城市群为目标，将发挥其中重要的核心枢纽功能。

"一带一路"倡议贯穿亚欧非大陆，连接东亚经济圈和欧洲经济圈，覆盖腹地广大、潜力巨大的亚欧大陆的国家和地区，沿线国家和地区资源禀赋各异，经济互补性较强，包容性全球化的发展理念和机制使"一带一路"的参与主体不再局限于国家尺度和区域尺度，沿线城镇群也将加速融入全球经济循环，获得崛起机遇。

从国家空间战略格局来看，"一带一路"倡议改变了中国改革开放以来主要面向环太平洋和欧美发达国家的沿海开放格局，对外，要求强化面向环印度洋地区（包括东南亚地区、南亚次大陆和中亚地区）的开放方向，实现中国对中亚、东亚、东南亚三大扇面的全面开放和掌控；对内，则将同时推进东部沿海地区的扩容提质和西部地区的加速发展，进而促进中国整体城镇体系空间格局的调整。

具体而言，首先国家对外开放格局将会得到进一步优化。一方面沿海开放重心将南移，华南地区同时面向国内和东南亚市场，有条件发展成为链接中国内陆和东南亚新兴市场的经济枢纽，战略地位会得到显著提升。另一方面西南、西北等内陆地区也面临全面开发开放，西南、西北地区与"一带一路"国家地缘相邻、民族相通，是国家间次区域合作的前沿，对于稳定国家地缘政治、发挥大国经济回旋余地具有巨大作用。

其次，国家海陆统筹发展的格局将得到进一步推动。海陆双向开放格局本身也是海权和陆权经济并重发展的体现，而这势必推动海陆统筹格局的形成，从而促进海铁联运、江海联运通道的建设，最终带动国家腹心地区的整体开发和各级转运枢纽的建设。

此外，"一带一路"对外开放的三大扇面在政治文化基础、战略资源重点、人口经济需求等方面具有不同基础，在推进方式和时序上也有所不同——东亚和东南亚扇面是开展近域贸易和寻求海权拓展的主要地区，中亚扇面是寻求陆权拓展的主要地区。其中，东南亚扇面作为对东盟近域贸易和联通海陆通道的重要转换区域，也是城镇群发展基础最为成熟、近中期具备较大提升潜力的区域。

粤港澳大湾区作为国家对外面向东南亚扇面和对内带动南部地区的内外统筹发展核心战略枢纽，承担着带动珠江—西江经济带沿线北部湾城镇群、滇中城镇群以及海南岛的多个城镇群的联动统筹发展的国家任务[10]。在受到环太平洋地区和环大西洋地区相当比例国家的技术封锁和市场壁垒的情况下，环印度洋地区成为我国的重点对外经贸拓展方向，而粤港澳大湾区作为对环印度洋地区的最主要联络枢纽，其在国家城镇群战略中的地位将获得进一步提升。如何充分利用粤港澳大湾区的区位优势，激活其在要素布局优化和制度文化创新等领域的巨大潜力，将是实现其创新经济转型和区域能级跃升的最重要基石。

【本节作者：刘岚，中国城市规划设计研究院粤港澳研究中心，主任研究员】

参考文献

[1] Neil M Ferguson, Daniel Laydon, Gemma Nedjati-Gilani et al. Impact of non-pharmaceutical interventions （NPIs） to reduce COVID-19 mortality and healthcare demand [EB/OL]. https://spiral.imperial.ac.uk:8443/handle/10044/1/77482，2020-03-16.

[2] 许小年. 危机、衰退还是大萧条？疫情对全球经济影响与应对 [J/OL]. http://www.eeo.com.cn/2020/0410/380724.shtml.

[3] 彭文生，易峘等. 中金 2020 下半年宏观经济展望：非典型经济复苏 [EB/OL]. https://mp.weixin.qq.com/s/9qeT5NaJP6LNBsxdqN7EWw.

[4] 潘英丽. 疫情冲击下的全球经济和金融趋势 [EB/OL]. [2020-04-10]. https://m.21jingji.com/article/20200410/herald/2e9c283433efea7af29aad687ed62980.html.

[5] 郑永年. 接下来的几年可能是危机频发的几年 [J/OL]. [2020-04-20]. http://www.inewsweek.cn/world/2020-04-20/9168.shtml.

[6] Kemeny, Thomas. Are international technology gaps growing or shrinking in the age of globalization? [J] Journal of Economic Geography, 2011, 11（1）:1-35.

[7] 潘英丽. 疫情冲击下的全球经济和金融趋势 [EB/OL]. [2020-04-10]. https://m.21jingji.com/article/20200410/herald/2e9c283433efea7af29aad687ed62980.html.

[8] 郑永年. 国际秩序倒坍了 [J/OL]. [2020-06-02]. http://www.haozaobao.com/mon/keji/20200602/72197.html.

[9] 郑永年. 接下来的几年可能是危机频发的几年 [J/OL]. [2020-04-20]. http://www.inewsweek.cn/world/2020-04-20/9168.shtml.

[10] 杨保军，陈怡星，吕晓蓓，等."一带一路"战略的空间响应 [R]. 北京：中国城市规划设计研究院，2017.

1.2 湾区判断：未来发展新范式

1.2.1 大数据视角下的空间发展特征

1.2.1.1 宏观特征：世界最"大"最"密"湾区城市群，但空间绩效仍待提升

1. 湾区尺度——世界第一"大"湾区，但绩效差距较大

就面积而言，四大湾区中粤港澳大湾区面积最大，分别是纽约湾区、旧金山湾区、东京湾区的 2.6 倍、3.1 倍和 1.5 倍。

然而，粤港澳大湾区的地均产值与人均产值相比其他湾区仍差距巨大，2018 年粤港澳大湾区地均 GDP 分别为纽约湾区、东京湾区、旧金山湾区的 37%、57% 和 64%，人均 GDP 分别为旧金山湾区、纽约湾区、东京湾区的 22%、28% 和 56%。

2018 年四大湾区的尺度与绩效对比 表 1-1

主要指标	纽约湾区	旧金山湾区	东京湾区	粤港澳大湾区
面积（万平方公里）	2.15	1.8	3.69	5.59
人口（万人）	2300	777	4532	7116
GDP（万亿美元）	1.8	0.83	1.92	1.64
地均 GDP 产出（万美元）	8000	4611	5190	2937
人均 GDP（美元/人）	84646	106821	42256	23584

资料来源：21世纪经济研究院与阿里研究院共同发布的《2020粤港澳数字大湾区融合创新发展报告》。
注：此处的东京湾区指广义的"一都七县"范围，即在"一都三县"（东京都、神奈川县、千叶县、琦玉县）的基础上加上茨城县、枥木县、群马县和山梨县。

2. 湾区密度——世界最密的城市群，多中心集聚布局

与其他世界一流湾区或城市群相比，粤港澳大湾区是"最密"的地区。以人口密度为表征，粤港澳大湾区、东京湾区、纽约湾区、旧金山湾区每平方公里人口分别约为 1272 人、1228 人、1070 人和 431 人，具体而言，粤港澳大湾区表现为三最：最"高密度"、最"多中心"、最"集聚"。

（1）最"高密度"：沿四大湾区主要发展走廊，截取人口密度断面，并置于同一尺度坐标系上，最突出的人口密度峰值均出现在粤港澳大湾区，包括澳门、香港、深圳与广州。相比而言，纽约、东京的密度断面则平缓许多。

（2）最"多中心"：其余三大城市群均显现出单中心的分布结构，而粤港澳大湾区则有明显的多中心发展态势。

图 1-6　四大湾区人口密度主要走廊断面
数据来源：European Commission, Joint Research Centre (JRC); Columbia University, Center for International Earth Science Information Network – CIESIN (2015): GHS population grid, derived from GPW4, multitemporal (1975, 1990, 2000, 2015). European Commission, Joint Research Centre (JRC)

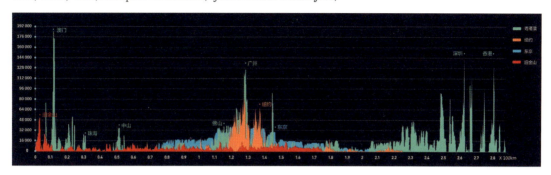

（3）最"集聚"：纽约湾区与旧金山湾区均显示出明显的中心集聚、周边蔓延特征，而东京湾区则由中心向外围显现缓慢跌落态势，粤港澳大湾区则更加凸显了中心与非中心地区的密度势差，人口集中度更高。

3. 湾区浓度——三极主导的高度网络化结构

各市之间的企业投资与人员流动[1]，代表了湾区要素交融的浓度与活跃度。无论是资金还是人口流动，大湾区都显现出"三极+网络化"格局，以广州—佛山、香港—深圳为极核链接佛山、东莞、惠州，构筑了粤港澳大湾区人口和资金流动的最核心动脉。同时，澳门—珠海则形成了要素流动关系密切的西岸极核。

是什么塑造了粤港澳大湾区的密度与浓度以及高密度、多中心、网络化的空间格局？地理空间格局、区位条件、经济基础、国际化与对外开放、政治、文化基础等因素均起了重要作用，对于大湾区而言，边界是大湾区发展区别于其他城市群的重要因素，也是其发展的核心动力与挑战。

1.2.1.2　微观特征：活跃的边界地区要素流动空间重塑

1. 边界价值——孕育湾区、形塑湾区、再造湾区

边界在粤港澳大湾区的呈现形式，包括制度边界、行政边界与自然边界。通常认为，三类边界的存在，并不利于大湾区城镇群的"一体化"发展。其中，制度边界，即边境的存在，对于港、澳与珠三角之间人口、经济、社会等多方面要素流动与合作带来了不可忽视的影响；行政边界，给城市与城市之间，甚至镇与镇之间，都带来了一定程度的"行政区经济"与非良性竞争关系；自然边界，包括河流水系与大型山体，则给粤港澳大湾区建设空间低成本蔓延形成了障碍。

然而，重新审视边界的价值，我们认为，边界孕育、形塑了粤港澳大湾区格局，并趋向于再造大湾区格局。

1　因数据受限，涉及企业投资与人员流动的分析仅针对珠三角 9 市。

（1）孕育湾区：制度边界下的发展势差，形成了粤港澳大湾区最大价值与动力，也正是其走在改革开放前沿的重要因素所在。2000年以前，粤港澳大湾区的空间增长主要集中在深、港边界。

（2）形塑湾区：交错于粤港澳大湾区核心区的山、江、海，形成了大湾区塑形的自然要素，也正是大湾区得以塑造高密度紧凑多中心的自然地理基础。

（3）再造湾区：随着区域要素流动的紧密化与建设空间的连绵化，大量边界地区开始走向融通、融合与一体化，形成了新时期粤港澳大湾区空间的跨界化发展趋势。今后，随着未来跨江通道以及区域高快速、大运量交通通道的建设，深莞惠、广佛、珠澳以及珠中之间的边界都将趋向于活跃，并有可能进一步向外围地区拓展。边界地区由于相对优质的生态环境、充裕的用地空间、多元的制度与用地混合活力、相对较低的发展成本，其活跃度会进一步上升，产生若干城市核心地区功能的外溢空间平台或区域新兴战略功能平台。随着对生态文明与高质量发展的贯彻落实，很多生态地区在严格保育的基础上，将通过制度创新，融入新的文化、乡村、科技、教育、艺术等创新和活力要素，成为粤港澳大湾区最具活力和品质的地区，从过去的城市与功能区的生态隔离区域，转变成为链接城市与功能区的生态文明与文化复兴的活力场所。

2. 边界崛起——要素融通促进边界活跃

随着区域要素流动的紧密化与建设空间的连绵化，大量边界地区开始走向融通、融合与一体化。基于社区发现（community detection）算法，可将粤港澳大湾区划分为若干个城市组群，组群之内联系紧密，而组群之间联系相对松散。在此基础上可以识别一些跨界联系强于界内联系的地区，在这些地区，行政边界的壁垒在市场力量下有所消弭，如凤岗，虽属东莞市行政管辖范围，但在通勤联系上与深圳市更密切。

总体上，跨界发展趋势在东岸地区更显突出，深莞交界的长安、虎门、凤岗，深惠交界的淡水地区，均呈现与深圳联系更强的特征；其他如莞惠交界、广佛交界、佛中交界处也均出现此类跨界融合现象。

3. 边界重构——再造湾区空间体系

同样基于职住联系与网络分析的方法，对珠三角空间单元的实际联系网络进行分析。总体上，粤港澳大湾区形成了疏密相间的簇群与节点布局体系。根据网络联系的紧密程度与布局特征，将街镇网络划分为三类：紧密网络型城市集核、松散网络型城市集群与相对独立型城市节点。

（1）紧密网络型城市集核：呈现出高度紧密的网络、高频度的联系与高出入度的核心节点，典型地区如深圳中心地区，是大湾区服务产业、就业人口高度集聚的地区，经济活力与要素流动性较强，具有突出的中心性。

（2）松散网络型城市集群：呈现松散网络、中频联系，典型地区如东莞、中山的大多数街镇，体现为制造产业强大、空间关联网络较弱、缺乏明确的中心地区。

（3）相对独立型城市节点：更多体现为自成体系的特征，如惠东、开平、怀集等，具有小范围辐射与服务的特征，空间辐射能力与网络联系度不高。

图 1-7 基于职住关系与社区发现算法的珠三角跨界城市地区识别
数据来源：2018 年中国电信手机信令数据；注：纯色代表联系紧密的集合城市，加斜线填色代表相对松散的集合城市

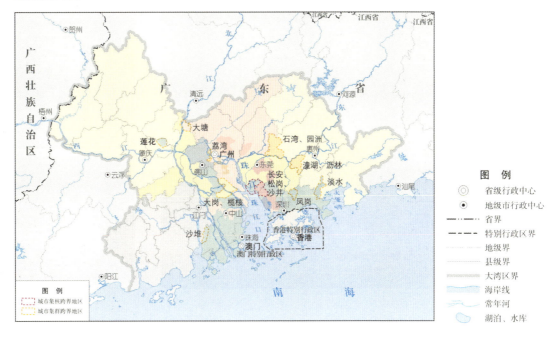

图 1-8 珠三角核心地区职住网络分析图
数据来源：2018 年中国电信手机信令数据；注：同颜色代表联系更加紧密

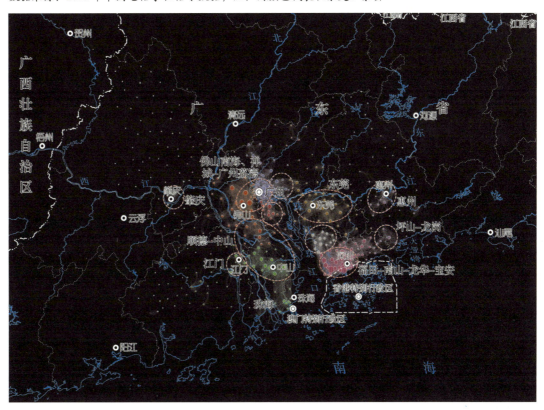

图 1-9　珠三角地区城市职住网络格局
数据来源：2018 年中国电信手机信令数据；注：同颜色代表联系更加紧密

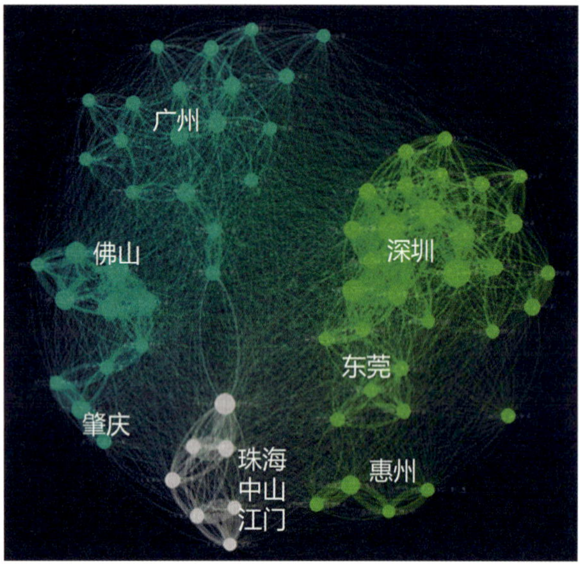

图 1-10　2016 年珠三角其他城市向中山市及珠海市投资企业数量
数据来源：工商企业数据

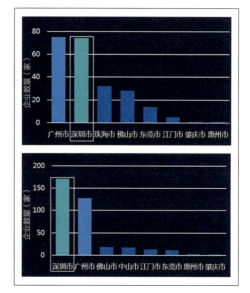

4. 边界摇摆——空间联系的相对中立性

中山—珠海虽然与广佛之间拥有区位、基础设施连接的优势，但呈现出一种摇摆的"中立性"。

就现状基础设施而言，珠中江与广佛肇之间的便利性远大于其与深莞惠之间，但从通勤联系及企业联系的视角分析，珠中江与其他两大都市圈的联系相对均衡，具有一定摇摆特征。

无论是从企业投资还是人口通勤的角度，珠中江地区与广州、深圳之间的联系均相对均衡。以投资联系为例，向中山进行投资的企业数量中，广州最多而深圳略少；向珠海进行投资的企业数量中，深圳最多而广州较少。

1.2.1.3　空间结构：从三大都市圈到"△"形结构

1. 宏观结构下的跨界空间组织——三大"都市圈"[1]

忽略地理空间关系与行政边界，基于各个街镇之间的通勤联系数据[2]，通过网络分析方法，将珠三角各街镇根据通勤联系强度与关系重新布局，以探究珠三角各空间单元的实际联系网络[3]。

基于网络联系视角可以发现，深莞惠都市圈呈现高集中度、高联系强度、紧凑网络特征。且东莞在自成一体的基础上，通过东南组团街镇与深圳联系紧密。

广佛肇都市圈则显示出"两大簇群+游离节点"和相对松散网络的特征。广州与佛山各成一

---

[1] 因数据暂缺，本部分分析以珠三角为主。
[2] 通勤关系是评估城市群空间的重要指标，在美国、日本、英国等国家的都市区研究与实践中，通勤均是重要的度量指标之一。
[3] 各空间单元的空间位置基于单元之间的联系形成，而非实际地理位置，单元大小表示与外部联系的总体规模，单元之间距离与联系强度成反比。

图 1-11 珠三角地区职住网络分析
数据来源：2018 年中国电信手机信令数据

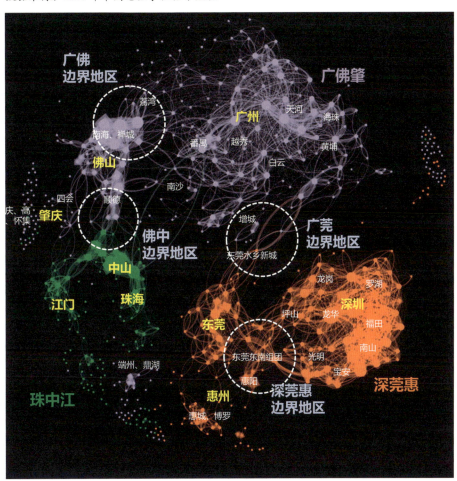

图 1-12 珠三角地区职住联系网络与规模分布
数据来源：2018 年中国电信手机信令数据

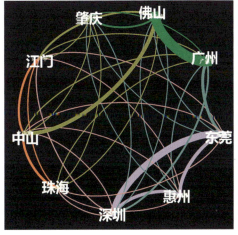
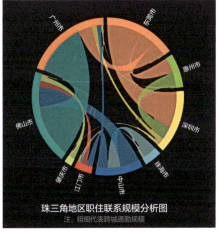

簇，荔湾—南海等片区是两地联系密集地区，肇庆大多数街镇均居于紧密网络之外。

珠中江都市圈则显示出小体量、小强度、半环状发展特征，都市网络体量较小，联系密切程度不高，都市圈尚在发育中。

深莞惠、广佛肇、珠中江三大都市圈在空间尺度、密度上所体现的特点接近于齐普夫法则。原深圳市副市长唐杰教授长期跟踪粤港澳大湾区的研究，认为粤港澳大湾区城市群在空间结构上呈现为自律性层级体系，其规模等特征服从于齐普夫法则，即城市之间具有不同的层级属性，深莞惠的规模体量排在第一位，若设为1；则广佛肇排在第2位，约为1/2；珠中江排在第3位，约为1/3，呈现出伞形网状的城市规模等级结构，更有利于形成有序的竞争与分工关系。

2. "△"形的大湾区结构新想象

随着跨珠江口交通基础设施的持续强化——港珠澳大桥的通车、深中通道与深茂铁路的建设、深珠城际的谋划，珠江口西岸都市圈将得到培育与壮大，东西两岸的联系有望得到加强。

未来，粤港澳大湾区将形成四大核心引擎（香港、澳门、广州、深圳）、三大极点（香港—深圳、广州—佛山、澳门—珠海）、三大都市圈（广佛肇都市圈、港深莞惠都市圈、澳珠中江都市圈）的新"△"形空间结构。同时，都市圈与都市圈之间，更需要进一步创新机制、加强合作，共建更加开放、创新、国际化与高品质的湾区。

【本节作者：孙文勇，中国城市规划设计研究院深圳分院粤港澳数字湾区中心，主任工程师】

1.2.2 粤港澳大湾区未来发展的五大趋势判断

1.2.2.1 判断1：从深圳特区到粤港澳大湾区，实验制度创新的新平台

《湾区纲要》标志着湾区以单个城市竞争的"城市英雄主义时代"的终结，整个粤港澳大湾区将成为代表中国下一个现代化探索与实践的崭新模板。中共中央、国务院发布的《关于支持深圳建设中国特色社会主义先行示范区的意见》，标志着深圳经过40年的经济特区成功实践，将继续以先行示范者的身份全面深化制度改革创新，继续发挥其对粤港澳大湾区、对全国建设社会主义现代化强国的引领与示范作用。

1. 深圳：从经济特区迈向先行示范区的探索引领

（1）深圳作为经济特区的发展奇迹

改革开放40年，珠三角创造了以经济特区为引领的发展奇迹，作为经济特区的深圳从1980年一个城区3平方公里、县域人口30余万的边陲"渔村"，成为建成区约900平方公里、拥有1800万人口的现代化都市，塑造了引领全国城市-产业-经济迭代升级的"特区速度、升级速度、转型速度、创新速度"。

特区速度：深圳依托特区立法权和单行经济法规制定权，通过市场经济体制改革，接受香港制造业转移，实现了工业化快速发展。通过"小政府、大社会"的服务机制，形成"百万劳工下深

圳"的现象，诞生了华为、平安等巨头企业。

升级速度：20世纪90年代初，随着世界移动通信和互联网技术的发展，深圳出台一系列推进高新技术产业发展的政策，成立高新区，举办首届"中国国际高新科技成果交易会（高交会）"，布局高新技术产业带，建设深港产学研基地，成立虚拟大学园，使高新技术产业成为主导，民营企业崛起并占据"半壁江山"。

转型速度：进入21世纪，深圳经济增长放缓，陷入土地空间有限、能源水资源短缺、人口不堪重负、环境承载力严重透支的"四个难以为继"。深圳加快高新技术产业、现代金融业和现代物流业发展，提出"文化立市"战略，形成以高新技术产业、金融业、现代物流业、文化创意产业为主的产业体系。开始从"引进来"到"走出去"，以华为、中兴、万科、腾讯、比亚迪等为代表的民营企业，大力拓展跨国投资和全球业务，全面参与国际竞争。政府开始注重存量发展，建设重心向特区外转移，城市发展从速度规模型向效益质量型转变。

创新速度：2010年代，深圳从0到1的源头创新需求开始显现，在国家自主创新示范区、自贸试验区、粤港澳大湾区等多个国家政策的叠加影响下，继续"争创特区新优势"，增强源头创新能力，打造创新型产业集群，向全球科技创新城市迈进。

（2）深圳作为先行示范区的探索引领

经过改革开放40年的发展，深圳以绝对优异的成绩践行了经济特区的使命，成为全国科技创新引领城市，粤港澳大湾区四大核心城市之一，GDP总量超过香港，人均GDP遥遥领先于北京、上海。

与当年经济特区设立之初探索经济改革开放的道路一样，在新的国际、国内发展形势下，中国要建设特色社会主义现代化强国，要落实生态文明建设与高质量发展道路，依然没有成功的模式可以参照，仍需要探索与引领。自2017年以来，深圳为贯彻党的十九大精神，提出要高质量建成小康社会、率先建设社会主义现代化先行区，先后出台了《中共深圳市委关于持续深入学习宣传贯彻党的十九大精神高举习近平新时代中国特色社会主义思想伟大旗帜率先建设社会主义现代化先行示范区的决定》和《深圳经济特区践行"四个走在全国前列"率先建设社会主义现代化先行区战略规划（2018~2035年）》及系列配套文件。而《示范区意见》则对深圳提出了更高的要求，即从先行区到先行示范区，内涵拓展到高质量发展高地、法治城市示范、城市文明典范、民生幸福标杆、可持续发展先锋等五大战略定位，其继续探索引领的使命跃然纸上。

从示范内容上来看，深圳不仅要继续发挥优势，强化科技创新驱动，重点发展5G、人工智能等，通过湾区合作共建国际科技创新中心，并在此基础上完善创新金融服务体系。更多的是通过完善立足于人本和科技创新的公共服务来突出示范作用，比如通过完善教育和基础研究能力、住房保障体系、医疗服务等，构建社会主义现代化服务体系，从而改变过去我国重视经济增长而忽略社会进步的发展模式，实现高质量发展的社会主义现代化强国之路。

2．大湾区：从城市英雄主义迈向世界级城市群的全面实践

回溯历史，是不断地探索与创新，成就了深圳特区的发展奇迹。同期，粤港澳大湾区诸多明星

城市"群雄并起",代言了一个"城市英雄主义"的时代。

但是,粤港澳大湾区也逐渐面临"成长的烦恼":香港产业空心化,澳门产业过度单一化,深圳空间成本难以为继和创新成本持续高涨、广州新动能转换瓶颈、东莞街镇碎片化、珠海与核心城市渐行渐远、中山日益成为中间城市……一个个城市之殇,预示着"经济特区模式"下的城市英雄主义时代的终结、全力追赶与速度增长时代的终结。而粤港澳大湾区最独特的制度特色与多年厚积的发展优势,将支持共建共享、彼此融通的"大湾区模式",有望在下个30年引领粤港澳大湾区进入繁荣、公平、美丽、高质量发展的世界级城市群。

因此,粤港澳大湾区要建设世界级城市群或世界一流湾区,不仅需要深圳的先行示范作用,更需要通过不断推广深圳的示范经验,以整个大湾区为实践平台进行制度探索,发挥各城市的互补优势。

【本节作者:方煜,中国城市规划设计研究院深圳分院,院长】
(本节内容根据方煜"城PLUS"微信公众号文章《从"深圳特区"到"大湾区"的跨越》整理;整理人:石爱华,中国城市规划设计研究院粤港澳研究中心,主任研究员)

1.2.2.2 判断2:"一带一路"朋友圈不断拓展,参与全面发展的超级联系人

2013年我国提出"一带一路"倡议以来,得到国际社会的高度关注和许多国家的积极响应,随着第二届"一带一路"国际合作高峰论坛以及中国国际进口博览会、博鳌亚洲论坛年会、上海合作组织青岛峰会、中非合作论坛北京峰会等国际会议的举办,更是得到了越来越多国家和国际组织的积极参与,影响力日益扩大,"一带一路"倡议已经逐步从理念到行动,从方案到实践,从中国倡议成为全球共识。

现代生产方式和通信技术的发展早已将全球许多国家和城市联系起来,世界不可能再退回到封闭孤立的时代。中国面对"百年未有之大变局"提出的"一带一路"倡议,既是维护开放型世界经济体系,推动全球化可持续发展的中国方案,也是深化国际区域合作,加强文明交流互鉴,维护世界和平稳定的中国主张。在全球贸易保护的背景下,共建"一带一路"为中国开放发展开辟了新天地,今后需要培育超级联系人,成为支撑"一带一路"倡议的引领力量。

粤港澳大湾区一直是中国最开放的地区,有着多种制度、多元价值、多类资本,港、澳具有全面对接国际的高标准市场规则体系,珠三角地区与海外地区有着紧密的社会联系,整个粤港澳大湾区的开放型经济体制、国际化投资营商环境也在不断优化,势必是共建"一带一路"倡议的先行地区和引领力量。

近年来,全球视野下大湾区的城市能级不断提升,影响力不断增强。根据中国城市规划设计研究院2017年院科技创新基金资助项目"'一带一路'倡议下的全球城市体系研究"课题,在全球化转型背景下,全球城市发展越来越依赖创新、生产服务、联通设施三张网络协同作用,通过融入三张网络,进一步参与全球化竞争,提升城市全球化能级。

在全球化新趋势下，创新能力将成为未来最为稀缺、最有价值的资源，支撑全球城市潜在增长，为全球经济和产业提供最强大、最高效的发展动力。在全球创新网络，从创新主体、创新产出、创新环境三个角度，基于全球代表性科技创新企业总部分支网络、独角兽企业实力、2thinknow全球创新城市指数、Nature Index Science Cities指数、泰晤士高等教育世界大学前100学校数量等创新领域指标，可以发现大湾区的城市各有所长，整体较为突出，香港、深圳、广州跻身全球前30位。

全球生产与服务网络通过制造与服务深度融合，支撑城市全球竞争力的不断提升，是全球城市依赖跨国企业，重点编织的全球实力网络。在全球生产和服务网络中，基于全球代表性跨国制造企业和服务企业的全球关联度、财富世界500强排行榜制造业和服务业企业总部集聚度、开放导向的特别经济政策地区数量、全球代表性跨国的全球关联度等生产与服务指标，可以发现粤港澳大湾区的核心城市具有较强实力，其中，香港排名全球第5位，深圳居于第11位，广州居于第13位。

全球联通设施网络支撑物流、人流、信息流等各类要素流动，是全球城市参与全球化的基础网络。在全球联通网络中，基于航空、海运、信息三类基础设施指标，对粤港澳大湾区城市的联通实力进行评价，香港排名全球第1位，广州排名第8位，深圳排名第22位，核心城市联通全球的基础设施支撑能力较强。

整体来看，基于以上三个网络协同的15个全球视角的活力指标，形成全球价值活力城市榜，其中，粤港澳大湾区核心城市实力综合且均衡，在全球城市价值体系中发挥不容小觑的作用。关于共建"一带一路"倡议的影响力，研究通过"一带一路"合作文件的国家、中欧班列和中新通道途径城市、中国投资和运营港口的全球网络等附加的15个"五通视角"指标，对全球价值活力城市榜进行修正，可以发现，在"一带一路"倡议下的全球城市格局中，香港排名全球第2位，深圳排名第13位，广州排名第12位。由此可见，全球视角的粤港澳大湾区核心城市实力均衡、潜力较大，广州、深圳两大城市全球城市能级逐步提升，在"一带一路"倡议的引领下，粤港澳大湾区将发挥越来越重要的作用。

面对新自由主义的终结和全球化的收缩，要完成核心技术"自主可控"的国家使命，粤港澳大湾区以深圳为核心的国际科技创新中心的建设将承担国家基础科学发展和战略性科技攻关的任务，积极响应"一带一路"倡议，进而成为参与双循环全面发展的"超级联系人"角色。

因此，在"一带一路"的倡议下，粤港澳大湾区可充分利用文化、制度和产业优势，不断推进全方位开放战略，深化基础设施互联互通，提升整体国际化水平。同时，粤港澳大湾区有潜力为我国内陆地区提供各类高水平国际化服务，在国内外资金、服务、人员等领域的流动中，向内联系广大内陆地区，向外联系海外市场，代表中国改革开放的最佳模式和发展范例，在人民币国际化、中国企业走出去中扮演"超级联系人"角色，为共建"一带一路"提供有力支撑。

【本节作者：樊德良，中国城市规划设计研究院深圳分院规划研究中心，研究员】
(本节内容引自中国城市规划设计研究院2017年院科技创新基金资助项目"'一带一路'倡议下的全球城市体系研究课题"，课题组成员包括：杨保军、方煜、戴继锋、何斌、樊德良、刘菁、白晶、李鑫、许闻博、陈旭光)

1.2.2.3 判断3：打破行政制约，推动要素自由流动的区域共同体

1. 世界一流湾区：要素流动是区域合作成功的前提

"湾区经济"在当前全球经济版图中起着不可替代的作用，是从单个城市竞争晋升为多个城市组成的区域竞争的典型代表。粤港澳大湾区具有开放的经济结构、高效的资源配置能力、强大的集聚外溢功能和发达的国际交往网络等特点，要实现湾区优势，需要依靠区域协同发展。目前世界上纽约湾区、东京湾区、旧金山湾区三大湾区经过几十年的发展和实践，均形成了良好的区域协同发展机制。

（1）纽约湾区：规划先行，政府与民间共同参与的区域组织保障

源于得天独厚的地理位置，纽约湾区在美国东海岸拥有特殊地位：19世纪初运河开通后，纽约市的港口成为东海岸唯一链接内陆航运和五大湖区港口的大型海港，带动了纽约湾港口业、制造业、金融保险业的发展。纽约湾区是一个跨州建设的大都市区，除涉及城市之间合作，还涉及跨不同司法主权的州之间的合作，协调起来需要更多智慧。纽约湾区的区域合作同时依赖政府和民间力量：不仅建立了独立统一的规划组织——"纽约都市圈规划组织"和"区域委员会"共同促进区域合作发展，分别负责交通建设和经济发展的协调规划工作；也有民间智库——"区域规划协会"，作为不可或缺的民间力量为决策者提供规划支持。

作为独立的统一规划组织，"纽约都市圈规划组织"帮助湾区避免了不同区域公职人员职能重复，提升了管理效率。强调基础设施的有效规划，尤其是交通建设规划，引导城市改善和缓解区域交通负担，促使纽约湾区可持续发展。

自1922年成立以来，"区域规划协会"共推出4轮区域规划，从20世纪20年代的第一轮区域规划启动了大量的基础设施建设和城市建设；到20世纪60年代的第二轮区域规划强调利用轨道交通连接区域内新区，解决老城区中心衰退等问题，并首次提出"公众参与的区域规划"；又到20世纪90年代的第三轮区域规划进一步强调在区域内形成高效的交通网络，提升经济活力；最后21世纪发布的最新一轮区域规划开始关注湾区如何应对海平面上升和气候变化、社会公平、健康湾区。

纽约湾区借助政府和民间力量，以规划先行，其发展伴随着近百年复杂的区域规划过程：利用区域规划手段形成以纽约为枢纽的对外交通网络，高效便捷；强调自然生态环境和社会环境维护，保护与开发并行；协调不同等级政府和部门之间的诉求和关系，鼓励公众参与。

（2）东京湾区：智库引领，财团投资的智库机构支持

东京湾区具有"制造业创新基地"称号，以东京为中心，拥有京滨、京叶两大工业地带，分别向环抱东京湾的两侧延伸，并串联东京港、横滨港、千叶港、川崎港、木更津港、横须贺港等六大港口。在东京湾区发展过程中，港口从最初的竞争关系走向了基于工业带布局相互协调发展的关系，分工协作的港口群带动了东京制造业的大力发展。能够从散落的港口之间低效的竞争，转变为通过工业带串联起各港口从而形成合力、协同发展，主要依靠的是规划协商机制管理的重要作用。

东京湾区没有统筹规划和管理湾区开发的政府机构，协商机制不是强制性执行，而是遵循经济活动规律。日本的区域发展，国土、产业、交通等部门都对各自方面进行规划，区域内各城市、县也会进行自己的规划布局，这些规划不是由更高层面的政府出面协调，而是通过智库来衔接和协调，例如：首都圈湾港联席推进协议会、日本开发构想研究所。

"首都圈湾港联席推进协议会"于1976年设立，而后于1996年设立了"东京湾港湾联席推进协议会（湾联协）"，2002年重新改为"首都圈港湾联席推进协议会（首都港联）"。协议会委员是由关东地域诸港的港湾管理者：茨城县、千叶县、东京都、神奈川县、川崎市、横滨市、横须贺市，以及关东地方整备局构成；业务和职能涉及保护航道、相邻沿岸区域开发，以及与保护、开发利用有关的重要事项规划、调整和调查研究。首都港联协议会在东京湾区开发和保护规划中起重要作用。

日本开发构想研究所（UED）是经济企划厅为主管机关设立的研究型智库，法人为日本财团，专门负责关于城市开发、高等教育的调查研究与咨询。UED参与了从港湾的整备到新开垦地的城市开发项目，涉及旧工厂再开发，新产业、物流、循环产业的机能导入、货物线乘客化、综合环境整备、防灾计划等，为东京湾区的国土计划、整备开发出谋划策。

这些智库长期跟踪研究东京湾区域，通过参与和主导各种规划推进区域发展。政府非常尊重这些智库，将其作为开发管理东京湾的重要力量，例如：沿岸各城市开发需要服从经过智库达成协议的规划方案，如若更改需要首都港联成员的一致同意。

（3）旧金山湾区：错位发展，市场经济下的合作共享推动创新发展

自19世纪后半期以来，旧金山湾区已成为享誉全球的科技创新经济型世界级湾区，汇聚了大量全球领先的高科技企业，科技创新产业是其屹立于世界湾区的核心竞争力。美国经济秉持市场原则，资本市场作用下促成的"科创产业集群"和湾区大学与工业界的研发合作是旧金山湾区区域合作发展的驱动力。

全球有101家独角兽公司总部位于美国加州，在科技创新领域中相互关联的公司、专业供应商、服务提供商和相关机构的地理集中使旧金山湾区每年研发成果源源不断。世界经合组织1996年年度报告《以知识为基础的经济》指出："创新需要使不同行为者（包括实验室、科学机构与企业、消费者）之间进行交流，并且在科学研究、工程实施、产品开发、生产制造和市场销售之间进行反馈。"旧金山湾区的科创企业正好成为完善这种交流反馈关系的重要环节，在区域内不同城市之间建立起创新与生产、市场、消费者之间高效反馈体系。同时，以斯坦福大学为首的高校资源为企业输送人才、专利和技术，其加州大学伯克利分校与IBM、Genencor和Hewlett-Packard等企业以及劳伦斯利弗莫尔、NASA艾姆斯和桑迪亚等国家实验室共同创建了一个创新研究和信息共享网络；企业回报高校以资金和捐助来推动科技不断创新，对制造业起到促进作用，使得创新贯穿于整条产业链中，带来区域协同创新。

除了科创产业本身，硅谷科创产业也带动了科技金融业。旧金山通过积极发展各类金融、管理等科技中介，形成了完善的服务体系，促进湾区创新要素不断整合，提高了创新产出效率。最为著

名的是风险投资业与科创产业配合相得益彰，发挥了孵化科创企业方面的巨大潜能。

旧金山湾区在产业空间分布上重视错位发展。三大主要城市在历史沿革中形成了不同的产业特色和定位：旧金山市侧重于金融业；奥克兰市倾向于装备制造和临港经济；圣何塞重点发展信息通信、电子制造、航天航空装备等高技术产业。主要城市之间没有竞争关系，且金融服务业、科技创新业、港口工商业互相带动，多元化的产业结构带来了区域整体发展的协调性和可持续性。

可以看出，三大世界级湾区都在以区域协同发展的方式提升竞争力，并体现出自身社会合作和跨边界合作的智慧，政府、市场和民间都很好地参与到区域发展中，形成全社会的合力，城市边界已经模糊，其所形成的以促进要素自由流动为核心的更广泛的区域协同是未来全球竞争的亮点。

2. 粤港澳大湾区：不再单打独斗，以区域合作冲破制度的"墙"

与世界三大湾区或国内京津冀、长三角城镇群相比，粤港澳大湾区不仅由于"一国两制"、三个关税区等存在明显的制度和文化差异，同时也由于湾区内部存在四大核心城市，即使在珠三角同一体制下的九大城市之间，也存在广州与深圳两大核心城市以及广佛肇、深莞惠、珠中江三大都市圈和湾区东西两岸，制度差异所带来的"墙"的障碍更为明显，要素的流动也因此受到更多的制约，其中港珠澳大桥和深中通道的长期难产以及虎门大桥的不堪重负都是最好的例证。

在以单个城市竞争为主的"城市英雄主义"时代，城市之间存在巨大的经济体量与主导产业势差，国际上产业的需求市场也足够充分，湾区各个城市可以在市场经济作用和各自利益驱动下，形成相对合理的城市分工以及支撑湾区崛起的产业集群。随着国外市场需求的萎缩与湾区产业转型的迫切，湾区内部城市强弱关系在发生变化，城市的竞争也在加剧，但同时又需要与周边城市合作共同应对生态环境、基础设施和公共服务等方面的改善，且需要应对共同"走出去"的国际化竞争，区域合作的诉求也在增加。

站在全球竞争与国家战略视野，粤港澳大湾区需要发挥各城市优势，以功能互补的方式打好组合拳。要真正实现功能的互补，就需要让要素根据未来发展目标和市场的需求进行选择，流向社会经济综合性价比最优的地区。随着生态文明的逐步落实，各城市更加重视生态环境的改善，并意识到在环境治理上区域合作的重要性。各项基础设施与公共服务配套设施的共建共享也在逐步推进，例如大湾区东西两岸重要交通通道的建设，将会迅速将西岸的用地与成本优势转化为吸引东岸功能外溢的产业优势。随着区域城际与地铁网络的完善，大湾区很多轴带地区的功能也将向周边选择外溢空间，让原有的轴带逐渐变得模糊，从而削弱大湾区内部圈层与外围地区、轴带与周边地区的发展差距，从该角度来说，粤港澳大湾区未来空间结构将有变平的趋势。总之，在粤港澳大湾区生态环境、重大基础设施、核心功能统筹协调的前提下，打破各个城市的行政壁垒，让要素充分流动，才能发挥政府和市场的双重作用，使社会经济要素流向更为合理的空间地域，湾区的资源也将获得更为高效的组合利用方式。

【本节作者：樊明捷，中国城市规划设计研究院粤港澳研究中心，研究员；
石爱华，中国城市规划设计研究院粤港澳研究中心，主任研究员】

1.2.2.4 判断4：数字经济改变世界格局，实现"弯道超车"的科创新引擎

每一次的科技革命都将形成新的市场需求，改变原有的世界竞争格局，为全球经济发展注入新生动力。如今，世界经济陷入持续低迷，中国的快速发展影响了世界各国原有的存量市场，尤其是在中国以比较优势和巨大体量迈向高端产业与科技竞争的过程中，开始影响到很多发达国家的经济市场份额与就业市场的稳定性，由此导致各类贸易摩擦的不断涌现，其本质上就是缺少新的需求增量空间。因此，全世界都在期待着新一轮的科技革命，能够创造出更多的新型产品以及新的就业机会和消费空间。

在5G、大数据、人工智能等核心技术的驱动下，新一轮科技革命早已在全球蓄势待发，并催生了数字经济这一新的经济形态。所谓的数字经济是继农业经济、工业经济之后的新型经济形态，以数字化的知识和信息为关键生产要素，以数字技术创新为核心驱动力，以现代信息网络为重要载体，通过数字技术与实体经济深度融合，不断提高传统产业数字化、智能化水平，加速重构经济发展与政府治理模式的新型经济形态。

2016年9月，杭州G20峰会通过《二十国集团数字经济发展与合作倡议》，发展数字经济成为各国发展共识。2017年3月，数字经济首次写入我国政府工作报告。截至2017年11月底，全球市值排名最高的十家上市公司中，有7家属于数字经济范畴，腾讯和阿里巴巴作为中国数字经济发展的代表，也步入前十行列。根据世界互联网大会数据，全球互联网的渗透率已经达到51%。

全球上市公司市值排名　　　　　　　　　　　　　　　　　　　　　　　　　　　表1-2

排名	公司	国家	行业	市值（亿美元）
1	苹果	美国	科技	8702
2	谷歌	美国	科技	7014
3	微软	美国	科技	6429
4	亚马逊	美国	消费服务	5550
5	Facebook	美国	科技	5078
6	腾讯	中国	科技	4898
7	伯克希尔·哈撒韦	美国	金融	4672
8	阿里巴巴	中国	消费服务	4580
9	强生公司	美国	卫生保健	3756
10	摩根大通	美国	金融	3599
11	埃克森美孚	美国	石油天然气	3486
12	中国工商银行	中国	金融	3190
13	美国银行	美国	金融	2950
14	沃尔玛	美国	零售	2914
15	富国银行	美国	金融	2791

续表

排名	公司	国家	行业	市值（亿美元）
16	雀巢	瑞士	消费品	2713
17	荷兰皇家壳牌	荷兰	石油天然气	2651
18	VISA	美国	科技	2492
19	中国移动	中国	电信服务	2453
20	汇丰控股	美国	金融	2396

注：数据截至2017年11月30日。
资料来源：Dogs of the Dow，浙大AIF。

改革开放后的40多年发展，依靠技术模仿与制造业转移，中国建立了完善的以制造业为核心的产业链，成为全球GDP第二的工业大国。虽然已经在5G等领域有了世界领先的技术，但科技创新尤其是源头创新还存在较大差距，要想从工业大国变成工业强国，并进一步成为科技强国，推进科技创新刻不容缓。而以数字经济为主导的新一轮科技革命将有望让中国实现弯道超车。根据中国网络空间研究院的《世界互联网大会蓝皮书：中国互联网发展报告2017》，中美两国已经成为全球数字经济双子星，2016年中国数字经济总量达到22.6万亿元，跃居全球第二，占GDP比重达30.3%，成为经济增长的新引擎和新亮点。在虚拟现实、自动驾驶、3D打印、机器人、无人机和人工智能等关键类型的数字技术的风险投资方面居于世界前三。中国是世界上最大的电子商务市场，占全球电子商务交易额40%以上，也是全球移动支付的主要力量，交易额是美国的11倍。

数字经济的构成包括两大部分：一是数字产业化，也称为数字经济基础部分，即信息产业。具体业态包括基础电信业、电子信息制造业、软件和信息技术服务业、互联网行业等，这也是粤港澳大湾区发展最具优势和高度集聚的领域之一。

二是产业数字化[1]，即企业因数字科技提升带来的产出增加和效率提升。对于粤港澳大湾区的计算机、通信和其他电子设备制造业、汽车制造业等离散型行业，利用云计算、大数据等新一代信息技术，建立以工业互联网为基础、装备智能化为核心的智能工厂，提升企业内部智能化水平，提高企业外部产业链之间的协作能力，对于企业降低成本和提升效率具有重要作用。

粤港澳大湾区虽然在源头创新方面与京津冀、长三角有一定差距，但是相对自由、宽松的市场竞争环境以及以华为等企业为主的5G技术领先地位，形成了良好的数字经济基础。随着未来5G技术的商业化运用，将形成短期内无可替代的全球产业竞争优势，并推动相应产业的快速更新与迭代，形成新的产业集群竞争优势。近年来，深圳等城市开始加大对高品质大学、医院的建设，为创新型人才和企业的入驻创造条件，而东莞中子科学城、深圳光明科学城、深港科技创新合作区、广州南沙科学城的规划建设，都以强化基础科研为目标，建设引领湾区新一轮竞争与转型的科创引擎，以支撑广深港澳科创走廊的发展，共建具有全球影响力的国际科技创新中心。

没有科技创新，不掌握核心技术，不仅制造业品质难以提升，无法更好地把产能向外输出，更让制造业受制于人，无法在全球产业链中占据价值链的高端，并在未来国际化竞争中拥有相应的话语权。随着中国的发展尤其是未来科技创新的突围，将改变现有世界科技创新主要依靠欧美的单一的全球经济分工与价值分配模式。未来，中国将主动地参与价值链竞争的高端环节，逐步从引进核心技术到输出核心技术，从而与欧美等国家形成引导全球科技创新与产业链分工的"一个世界，两个体系"。

【本节作者：孙文勇，中国城市规划设计研究院深圳分院粤港澳数字湾区中心，主任工程师；石爱华，中国城市规划设计研究院粤港澳研究中心，主任研究员】

1.2.2.5 判断5：智慧湾区改变未来，成就"美好生活"的高质量典范

1. 构建高效、开放、网络的新型城市关系

信息技术高速发展之下，智慧城市的发展理念日益受到重视，其概念缘起于IBM的"智慧地球"，指利用新兴信息技术与创新理念，集成城市的组成系统和服务，以提升资源运用效率，优化城市管理和服务，改善市民生活质量。智慧城市是将新时期创新要素进行整合应用的城市信息化高级形态，以实现信息化、工业化与城镇化深度融合，帮助缓解"大城市病"，提高城镇化质量。智慧城市主要包括四大领域内容：智慧建设与宜居环境、智慧保障体系与基础设施、智慧管理与公共服务、智慧产业与新经济。

5G通信技术、物联网、VR、AR等新兴的信息科技所带来的数字经济时代，将建立起虚拟空间与实体空间之间的联系，并将重构实体空间的要素流动与网络关系，以及产业经济形态与空间格局。随着信息技术的发展，城市将可能不再以地理空间来定义，而将通过基于新技术融合的信息网络新结构来定义。同样，整个粤港澳大湾区也将由于智慧的连接改变地理空间关系。美国芝加哥大学城市规划与信息技术研究中心的专家们认为，新一代互联网技术广泛应用之后，信息网络空间效应更具有独特性，物理距离、地理距离的意义将趋向消弭，信息技术将塑造一种虚拟的实际功能距离，如用时间或成本来表示的虚拟距离、人们认知与意识中的心理距离（如基于高速互联网与高清VR技术的可视电话等）[2]。信息技术的发展将可能跨越人员交流中的时间和空间障碍，利用信息传递取代或减少人的空间流动。随着信息技术、VR技术的发展，企业将不必集聚在传统的城市商务中心，而可能分散于环境良好的任意空间，城市与区域发展格局将面临重构。对于粤港澳大湾区，随着大湾区与世界、内部各城市之间要素联系的普遍性，整个大湾区内部在实体要素的流以外还存在着更为紧密的虚拟经济的流，制度的"墙"的作用将逐渐削弱，从而形成高效、开放、网络的新型城市关系，湾区的城市空间结构走向扁平化，人与人以及人与地理空间、功能要素的联系将突破城市的边界，变得更加智慧。

2. 成就高质量发展的美好生活

从1G到4G，改变的是人与人之间的交流，而5G技术改变的不仅是人与人的交流方式，更是

通过万物互联改变人与物的交流方式。依托万物互联、人工智能、虚拟空间等所构建的智慧湾区，将改变粤港澳大湾区的区域治理模式，通过数据与信息共享，整个大湾区将构建信息一体化的智能管理网络，以最快的速度了解大湾区人们的各种发展需求以及现状生态环境、基础设施、公共服务的供给情况，迅速从区域的角度共同优化和解决各类服务供给方案，包括实时跟踪环境污染数据并提出改善措施，了解各类公园绿地以及公共服务设施利用情况，并对设施配置的规模、选址和布局等进行优化，对交通实施智能化管理等。人们在家里就可以通过虚拟空间享受教育、医疗、文化、娱乐、交流等各种服务，以及满足生活和创新创业的需求。深圳要从经济特区迈向先行示范区，更需要借助5G、人工智能等现代信息技术与科创型产业基础，将其运用到居民生活与城市服务中，在充实完善现有实体服务设施基础上，创建虚拟城市与社区服务网络，尽快满足居民在社会服务方面的需求，构建现代化的智能型服务网络体系。总之，智慧湾区提供了一种新型的区域治理与城市服务模式，更加突出了资源共享的必要性，每一个城市要想提高效率和品质，吸引人才和企业，必须将数据等资源与区域共享；智慧城市更容易将以人为本落到实处，通过云数据精准的了解人们的需求以及服务供给的差异并进行及时调整，从而让大湾区的发展、政府的管理更好地实现以人民为中心的服务角色；智慧湾区更容易融入世界，关注大湾区的整体发展，实现共享、共赢并与湾区自身发展需求和世界发展动态相适应的扁平化治理模式。

【本节作者：孙文勇，中国城市规划设计研究院深圳分院粤港澳数字湾区中心，主任工程师；
石爱华，中国城市规划设计研究院粤港澳研究中心，主任研究员】

参考文献

[1] 中国信息通信研究院. 中国数字经济发展与就业白皮书（2019）[EB/OL]. https://www.sohu.com/a/309109951_210640.
[2] 姚士谋，陈爽，朱振国，等. 从信息网络到城市群区内数码城市的建立[J]. 人文地理，2001（05）：20-23.

1.3 方向路径：建设充满活力的世界级城市群

中共中央、国务院印发的《湾区纲要》对粤港澳大湾区明确提出了"建设充满活力的世界级城市群"的目标定位，其核心目的是进一步提升粤港澳湾区的国际影响力，成为世界一流湾区。为支撑未来目标的实现，《湾区纲要》在空间布局、实施措施等多个方面作了全面规划，成为指导大湾区当前和今后一个时期合作发展的纲领性文件。如何实现这一未来目标，《湾区纲要》重点从国际化、区域合作发展、创新发展、青年交流和制度创新等5个方面展开。

1.3.1 发展方向：目标定位实现的关键抓手

1.3.1.1 提升国际影响力：粤港澳大湾区发展的核心目标

1. 对标全球湾区，建设以科技创新引领的国际综合性湾区

世界银行在《东亚变化中的城市图景》的报告中指出，粤港澳大湾区已取代东京湾区成为全球最大城市化区域。与东京湾区、纽约湾区和旧金山湾区相比，粤港澳大湾区在面积、人口、GDP增速、港口集装箱吞吐量上有较大优势，而在人均GDP、产业结构、创新科技实力、城市功能和人居环境质量等方面仍有较大提升空间。从代表产业来看，各个湾区均有自己的特色，东京湾区被称为"产业湾区"、纽约湾区被称为"金融湾区"、旧金山湾区被称为"科技湾区"，而粤港澳大湾区的定位是要建立"以科技创新引领的国际化综合性湾区"。作为全球第四大湾区，粤港澳大湾区正探索一条独具特色之路。

全球四大湾区指标对比　　　　　　　　　　　　　　　　　　　　　　　　　　　　表1-3

指标	粤港澳大湾区	东京湾区	纽约湾区	旧金山湾区
港口集装箱吞吐量（万标箱/年）	6247	766	465	227
机场旅客吞吐量（亿人次/年）	1.85	1.12	1.3	0.71
海外游客人数（万人次）	169	556	5200	1651
第三产业比重（%）	56.6	82.27	89.35	82.76
100强大学数量（所）	4	2	2	3
世界500强企业（家）	16	60	46	36
代表产业	金融/航运/电子/互联网	装备制造/钢铁/化工/物流	金融/航运/计算机	电子/互联网/生物

资料来源：《粤港澳大湾区年鉴2018》。

2. 高质量、高品质、充满活力、富有人文魅力的宜居宜业宜游湾区

在当前经济全球化、世界多极化、国际秩序不断变革的背景下，粤港澳大湾区的发展被赋予了新的使命。粤港澳大湾区已具备建成国际一流湾区和世界级城市群的基础条件，借助"一国两制"的政策优势，不仅要对内落实新发展理念，实现区域的高质量发展，还要对外提升国际竞争力，在开放的交流中以更高水平参与国际合作和竞争。

根据《湾区纲要》确定的五大战略定位，粤港澳大湾区未来有望成为中国市场化水平最高、经济活力最强、国际化程度最高、科技创新能力最强的国家战略发展区域和世界级城市群。科技创新是未来全球竞争的关键，粤港澳三地需加强各类创新要素的流动，集聚全球创新资源，建设全球科技创新高地。依托香港、澳门在国家对外开放中的功能和大湾区优越的地理位置，将粤港澳大湾区作为"一带一路"建设的重要支撑，促进全面对外开放，实现高层次的国际经济合作与竞争。不仅要实现高质量发展，还需要高品质生活，以改善民生为重点，形成"一小时生活圈"，建设一个健康、休闲、低碳环保、充满活力、富有人文魅力的宜居宜业宜游湾区。

3. 发挥在全方位对外开放新格局中的引领作用

党的十八大提出要构建全方位对外开放新格局，推进"一带一路"倡议。而粤港澳大湾区在建设全方位对外开放新格局中发挥了重要的引领作用。首先，香港和澳门依托"一国两制"的政策优势，在国家对外开放和经济发展中发挥着独特作用，成为内地吸引国际投资和开展国际贸易的重要桥梁，大湾区内其他城市无法替代。在当前全球经济发展背景下，需要依托香港和澳门"引进来"和"走出去"的优势，全面助力香港、澳门参与"一带一路"建设，推动内地经济外向型发展，不断开拓国际市场、全面参与国际经济合作，将大湾区建设成为"一带一路"的重要支撑。

1.3.1.2 强化区域合作：大湾区发展的强大支柱

在严峻的国际形势下，《湾区纲要》要求改变过去单个城市的竞争，通过合理分工，将大湾区作为一个命运共同体参与到全球的市场竞争中。

1. 发挥"港-澳-广-深"核心引领作用，带动区域发展

香港和澳门是早已和世界经济与全球一体化紧密联系的国际化城市，是单独的特别关税区和自由港，而珠三角9个城市正在推进国际化过程。作为大湾区发展国际化程度最高的城市，香港和澳门在国际市场上有着强大的竞争力和影响力，因此要发挥它们的国际化优势，带动区域整体发展，为内地打开国际市场，强化区域参与国际竞争的实力。具体来说，发挥广州的全球商品贸易和深圳国际科技创新作用，强化港深、广佛、珠澳区域联合的引领带动作用，以区域发展的极点参与国际竞争；以"港-澳-广-深"四大中心城市作为大湾区发展的核心引擎，强化辐射作用，带动周边城市发展，尤其是深圳，更需要举广东省之力，做好区域协调，在科技与制度创新、现代服务体系构建与高质量发展等方面率先发挥其先行示范区优势，以点带面，让实践探索经验在大湾区有序、快速推广。

2. 明确各城市功能定位，支持大湾区协同发展

粤港澳大湾区也需要各城市依据自身特色，科学精准把握城市功能定位，各显其能，实现错位、异质化发展，为湾区内部有效协同、有序合作和良性竞争提供重要基础。香港、澳门利用自身国际化优势，从人才流、资本流、信息流等角度提供系统服务，推动内地资金和企业走出去；加快广州、深圳等中心城市的对外开放和国际化发展步伐，依托深圳先行示范区的政策优势，提升对外贸易、国际人口流动、金融国际化程度，增强全球资源配置能力，提升湾区城市在全球城市网络体系中的位阶；珠海、佛山、惠州、东莞、中山、江门、肇庆等城市充分发挥自身优势，增强城市综合实力，形成特色鲜明、功能互补、具有竞争力的重要节点城市，共同支撑大湾区参与全球治理和国际竞争。

除此之外，通过提升深圳前海深港现代服务业合作区功能、打造广州南沙粤港澳全面合作示范区、推进珠海横琴粤港澳深度合作示范以及发挥特色合作平台作用等方式，共建粤港澳合作发展平台。

3. 基础设施互通互联保障大湾区融合发展

基础设施的互通互联是粤港澳大湾区融合发展的基础。交通方面，不仅要建设对外联系通道，如港口群、世界级机场群、陆路国际大通道等，还需提升内部联通水平，构建内部快速交通网络，如规划建设城际铁路、建设新口岸、构建安全便捷换乘体系、提升口岸通关能力和便利性等。软基础设施方面要推动建设大湾区无线宽带城市群，推进粤港澳网间互联宽带扩容建设智慧湾区等。

1.3.1.3 建设创新型经济体：大湾区发展的重要引擎

《2018全球创新指数报告》中指出深圳-香港已成为全球第二位的科学技术集群。尤其是在PCT专利密度方面，粤港澳大湾区已成为全球创新网络的重要枢纽。

《湾区纲要》要求建设国际科技创新中心，重点从加强区域科技创新合作、优化区域创新环境以及建设科技创新载体和平台三个方面展开，不仅要实现科技创新，还要有相应的制度创新来保障实施。

1. 加强区域科技创新合作

近年来，粤港澳大湾区产业转型进程加快，创新能力不断加强，深圳、广州表现突出。广州研发和制造基础雄厚，各项资源集聚能力强；深圳具有大量创业企业，研发能力强，随着未来创业板上市制度的完善以及注册制度的推进，其金融市场将迎来重大改革，为科技创新提供全力支持；香港、澳门有高校资源和基础科研优势，可吸引国际人才；东莞、佛山有着生产制造的优势。依托广深港澳科技创新走廊，大湾区可以吸引全球创新资源，集聚高端要素，大力发展培育新兴支柱产业，如新一代信息技术、生物技术等，将互联网、大数据等与制造业相融合，鼓励粤港澳企业和科研机构参与国际竞争创新合作，调动产业链上下游充分合作，通过科技创新带动制造业发展，培育世界级产业集群。

2. 建设科技创新载体和平台

科技创新载体和平台有着整合创新资源、培育创新主体、提升服务能力等功能。依托粤港澳大湾区优越的科技产业创新条件，建设科技创新载体和平台，优化创新资源配置。面向新一轮科技和

产业革命，鼓励各城市借助自身科技优势，培育并建设一批国际化的各项科研平台、国家重点实验室、国家重点工程项目平台的伙伴实验室等，开展专项研究，提高科研创新水平。建设各类科技产业园区如港深创新及科技园等，重点建设高新区，将其作为区域创新的重要基地。通过科技创新载体和平台，实现粤港澳大湾区科技资源共建共享和高质量发展。

3. 优化区域创新环境

以制度创新来推动区域创新发展。通过优化各方面便利措施，如在粤港澳设立联合创新专项资金、鼓励港澳参与广东科技计划、调整税收、改善劳动保障、支持跨区域的投融资体系、建设产学研创新联盟、支持香港成为区域知识产权贸易中心等，促进人才、资本、信息、技术等各创新要素的跨境流动，为建设全球科技创新高地营造良好的区域创新环境。

1.3.1.4　加强青年交流：大湾区发展的持续动力

人才是第一资源，是创新经济体发展的关键。粤港澳三地均提出要加强青年人才交流，鼓励青年参与大湾区发展。《湾区纲要》重点从教育与人才、拓宽就业创业空间两方面来促进青年交流。

1. 打造教育和人才高地

教育与人才方面，《湾区纲要》提出要"打造教育和人才高地"。基础教育方面，鼓励三地中小学结为"姊妹学校"、提供港澳学生寄宿服务等，考虑了三地师生在学习、生活、工作上的需求，共同提升教育质量。高等教育方面，鼓励联合办学、共建优势学科、重点实验室等；鼓励互认学分、鼓励港澳青年到内地学校就读并实行优惠政策等，目的不仅是为了吸引港澳青年到内地求学生活，加强学科交流建设、开展交流活动，更是为了吸纳国际优质教育资源，提高中国教育的国际化水平。人才方面，《湾区纲要》在人才培养、引进、激励和流动等方面提出了主要措施，目的是为大湾区的发展提供高层次、国际化的人才。

2. 拓宽就业创业空间，加强粤港澳三地青年交流

在就业方面，《湾区纲要》也提出了多项优惠措施，如建立创业就业试验区、"青年发展基金"、中国和葡语国家青年创业交流中心等。自从在深圳前海、广州南沙、珠海横琴建立港澳创业就业试验区以来，已有360多个创业团队在此成立，就业人员近4000人，未来大湾区仍会设立更多的创业就业服务平台，鼓励港澳青年在广东创业就业。广东省不仅鼓励港澳青年来实习就业，也鼓励港澳居民中的中国公民报考内地公务员等。通过各种措施来拓宽就业创业空间，加强粤港澳三地的青年交流。

1.3.1.5　创新制度优势：大湾区发展的稳定保障

1. "一国两制"制度优势

粤港澳大湾区最大的特点就是"一国两制"。历史上，"一国两制"是香港、澳门发展的最大制度红利，保证了香港、澳门自由港和单独关税区的地位以及高度开放与国际化营商环境。两种政治制度一方面是粤港澳大湾区建设的政治底线，同时也是大湾区建设之"利"。凭借"一国两制"的

优势，香港仍然是国际性的金融中心，而且成为全球规模最大、最活跃的人民币离岸中心，澳门也仍保持着繁荣稳定。而在港澳的辐射带动下，珠三角9个城市也发生了巨大改变，经济社会飞跃发展，成为中国改革开放和经济发展的领头羊。

未来，应充分利用政治制度的保障，维护香港、澳门的繁荣稳定和珠三角九城市的政治和社会稳定。建设大湾区不仅可以推动香港、澳门融入国家发展大局，为香港、澳门工业和商业发展探索新路径，开拓新空间，也有助于提升港澳在"一带一路"建设中的地位，进一步开拓国际市场。在坚持"一国"的条件下，善用"两制"之利，把国家所需和香港、澳门所长有机结合，促进粤港澳优势互补，实现共同发展。

2. 深圳中国特色社会主义先行示范区优势

从《示范区的意见》内容可以看出，深圳未来在科技创新（重点在5G、人工智能等领域）、金融创新（通过创业板及注册制改革等支持科技创新发展）、民生福利（教育、医疗、住房、户籍制度与社会保障等）、自贸区等开放体制、区域合作等管理体制方面都将面临重大改革并获得国家和广东省大力支持，在中国特色社会主义现代化强国建设、粤港澳建设世界一流湾区中发挥先行示范作用，通过示范将经验可以首先在大湾区进行推广，从而形成新一轮发展过程中深圳特区示范探索与大湾区全面实践的模式组合，使粤港澳大湾区始终保持科技创新与制度创新的发展优势。

3. 创新体制机制

大湾区协调发展必须要有合作体制机制的创新来保障。市场机制在发展中起基础性主导作用，而政府则扮演规划和协调的角色。首先，需要支持香港私募基金参与粤港澳大湾区创新型科技企业融资，建设服务"一带一路"的投融资平台和大湾区绿色金融中心，支持澳门打造中国-葡语国家金融服务平台，建设成为葡语国家人民币清算中心，建立粤港澳大湾区金融监管协调沟通机制，形成具有全球竞争力的营商环境。其次，要完善公共服务就业体系，研究实施促进大湾区出入境、工作、居住、物流等更加便利化的政策措施，创新通关模式等。

【本节作者：邱凯付，中国城市规划设计研究院深圳分院规划研究中心，主任研究员】

1.3.2 他山之石：世界级湾区的困境与突围之道

在全球化、信息化叠加全球新冠肺炎疫情的背景下，世界级湾区城市群在全球创新引领、高端专业服务和综合交互枢纽等方面的中心地位持续提升，其所面对的社会公平、族群冲突、气候变化等困境也愈加严峻。如何应对不容忽视的各种社会、环境和经济问题，寻找区域和城市可持续发展的突围之道？以纽约、东京、旧金山、伦敦为中心的世界级湾区与都市区分别在不同领域进行着卓有成效的探索。

1.3.2.1　纽约大都市区：族群分异与社会公平 [1]

在经历了20世纪80年代末的严重衰退和2008年金融危机之后，纽约大都市区的经济正蓬勃发展，城市公共卫生和生活质量也都得到了改善，纽约也已成为全美最安全的大城市之一。但是，经济增长和空间集聚并不总能使每个人受益，当前纽约大都市区的发展正遭遇一系列长期积累的结构性问题，以收入分化和种族隔离为代表的社会公平问题已成为整个区域发展中最不容忽视的议题。

在过去的20年内，纽约大都市区范围内3/5的家庭的收入完全没有任何形式的增长，收入不平衡的状况比美国其他地区更为严重。此外，区域内住房成本显著增加，且在家庭预算中所占比例越来越大，对许多人来说，可自由支配的收入已无法支付居住、交通、医疗、教育和食品等关键性开支。与此同时，纽约大都市区作为美国种族最为多元化的地区之一，也是种族隔离最严重的地区之一，在住房、交通、教育和其他限制低收入居民和有色人种机会的政策方面遗留下来的歧视问题，加剧了工资停滞和成本上升的双重危机。

有鉴于此，2017年通过的《纽约—新泽西—康涅狄格大都市区第四次区域规划》在其"公平、繁荣、健康、可持续"四大价值观之中，将"公平"排序在第一位："在一个公平的地区，所有种族、收入、年龄、性别和其他社会身份的个人都有公平的机会过上充实、健康且有意义的生活。区域规划协会提出的投资和政策将缓解不公平问题及改善本区域最弱势、最贫困居民的生活"。在"繁荣"和"健康"等价值观及相应的发展目标设定中，面向所有区域居民的普惠性增长和公平发展也是贯穿始终的核心思路。

而在以"公平"贯穿多重价值观和目标的基础上，在该区域规划的各类行动计划中，均主导或渗透了针对社会公平问题的相应规划和政策措施：

首当其冲的就是住房相关规划与政策的配套改进。规划明确提出通过增加保障性住房投入、加强租房市场管理、完善住房相关法规等途径，保护低收入居民的居住权益，避免其在拥挤的城市中流离失所。此外，在政策上，规划更多地向种族、肤色等弱势群体倾斜，并将公平性以法律保障的形式深入租房合约、公平贷款等各个相关层面。在空间布局上，规划提出在区域内较小城镇和交通较发达地区，推广多户型住房，制定相关补贴政策，以增加极低和中低租金租赁房屋的市场供给，从而达到在所有社区供给真正的经济适用房的目标。

其次，消除土地利用管理中的不公平，缓解贫富社区间的差距。规划鼓励和要求各地方政府通过减少对本地不动产税的依赖，改善贫富社区分化、可负担住房短缺和城市低效扩张等问题；与此同时，敦促各州承担更多的地方学校预算，加大对共享服务的激励力度，并鼓励各级政府通过更具创新的不动产税结构和收入税实现税收来源的多样性。

再次，多方位拓展低收入阶层获得更加公平的经济、教育、交通、环境等多种机会的途径。规划提议通过公共投资减少财富及收入的种族差异，以减少工作、教育、服务等领域的歧视和机会不公平。此外，规划在环保和交通等专项领域努力确保机会公平，对弱势社区和人群进行相应的政策和资金倾斜。例如在交通战略方面，规划树立了"到2040年，区域交通将比以往任何时候都有利于社会流动"的公平发展目标，相关行动计划则包括：由于区域内现有的大量基础设施是以牺牲社区繁荣（以移民和有色人种社区为主）为代价建成，应对这些社区采取适当的补救和更新措施，以消除社区分割和环境污染；重建地铁系统，延伸至地铁服务短缺地区，为残疾人和老年人改善通道；优先改善区域铁路，规定相应服务及定价，使低收入社区获益；确保中低收入居民能够负担得起新兴的共享汽车服务等等。

最后，规划从组织、法规、程序等各个环节保障各类决策过程和结果的社会包容性。在整个区域，区域和地方决策机构应由更切实反映居民意见的成员组成，允许更多居民参与地方选举和决策，决策过程应该充分考虑到对所有人健康和福祉的影响。

1.3.2.2 东京湾区：系统防灾与韧性建设

日本是位于亚欧大陆和太平洋两大板块交接地带的岛国，地震、海啸、火山喷发和其他风灾水害发生频繁，受全球气候变化及海平面上升的影响也相对较大。日本首都圈是以首都东京为中心的巨型都市圈，与中部圈、近畿圈一起称为日本三大都市圈，人口密度极高，总人口规模达3700万人左右，在世界所有城市群中位居首位。为保护集聚于首都圈的国家中枢功能和国民生命，国家和首都圈采取了平"战"结合、多样备份、软硬兼施的综合防灾策略和韧性建设思路（本节参考日本国土交通省2016年发布的《首都圈整备计划》[2]编译）：

首先，采用平"战"结合的总体理念与战略——即不将防灾、减灾当成是成本，通过完善规划确保在面对巨大灾害时能够发挥防灾减灾功能，在平时则创造出经济价值，形成与"防灾减灾"一体化的"成长发展战略"。例如，"互联对流"的首都圈交通结构既有利于日常首都圈内各地区功能的良性互动，发挥交通运输系统多种功能应对多样化需求的能力，也可以在应对突发灾害事件时发挥作用——保障水路、航路、铁路、道路的四路综合开启以及道路的"八方作战"，确保受灾时必要器材等的运输、应急活动、重建活动所需的灾区进入路径畅通无阻。

在通过防灾、减灾措施将受害抑制在最低程度的同时，首都圈在重大突发事件的社会管理方面也值得借鉴——预先设计好从巨大灾害到开始重建之间的流程，尽早进行重建并快速恢复到成长与发展的轨道也是同样重要。日本的防灾规划所强调的是，从灾害预防、应对到重建之间的流程，必须与平时的成长和发展战略处于同一轨道。

其次，在空间规划和建设上采用"多样备份"的韧性建设理念。通过多样化且有余量备份的空间规划、设施设计及人员配置，以保证即便发生大规模水灾及地震等复合型灾害，也不会陷入功能或人员缺失、空间或通道堵塞的窘境，并能保障一定的富余量。

除了充足的硬件设施规划和建设以外，在"软硬兼施"理念指导下建立系统化且可持续的灾害应对机制也至为重要。在应对大规模自然或人为灾害风险时，除稳步推进设施整备等硬措施，在平时还需要系统而有计划地推行软措施，例如在资金保障方面，考虑到基础设施的老化，今后维护管理及更新的相关费用预计也将增加，通过基于预防保全思路所采取的措施来推进延长设施寿命的战略性维护管理及更新，在中长期内缩减并平均化总体成本，贯彻保障投资余力的管理方式。再如，在重大公共卫生危机应对方面，日本通过将国家与地方的机制一体化建设了高效有力的防疫管理系统，疏通了不同行政层级和单位的交流路径，统一了标准和行动，实现了快速全面的应急行动机制。另外，日本政府也充分认识到流感等流行性疾病的世界关联性，在颁布《措施法》前，政府就根据世界卫生组织的《世界流感初步行动计划》制定了多项新的流感措施并予以修订，并在国内疫情暴发时通过现场实际操作进一步完善已有的法律法规和制度系统。

最后，在防灾的常态化方面，日本是全球做得最好的国家之一。对于一个准备充分的防灾机制来说，任何流行疾病或灾难都不是"猝不及防"的。随着城镇化进程加深，生命与财产在空间上愈加集聚，防灾绝不应再是一种应急行为，而应做到常态化。东京作为日本首都，在防灾方面相对最为完善，采用自助、共助和公助相结合的机制，充分调动个人、社会和政府力量，并协调城市政府、机构与个人在灾害来临时的责任和行为。"系统管理、各级协同、全面覆盖、责任分配、高效执行、全民参与、公众宣传、预防优先"等是日式防灾系统的典型特质。值得一提的是，日本防灾的先进性很大程度取决于全民科普工作的成功开展，通过多渠道推行防灾知识，让灾难意识和防灾对策深入到居民日常生活的方方面面。

1.3.2.3　旧金山湾区：持续迭代创新的柔性机制

面对快速转变和进化的世界，在过去的半个世纪里，旧金山湾区已经对其经济进行了多次再造。20世纪80年代之前依赖于国防支出和金融总部的经济体，先是被高科技制造业的爆炸式发展所改变，后来随着半导体和计算机制造业转移到海外，又被与软件和计算机相关的设计和服务所改变。最近，从社交媒体到生物技术的新的创新经济又在该地区孕育发展。今天的旧金山湾区已是当之无愧的全球科技创新中心，虹吸着全球最顶尖的人才、技术和资本，世界各地的无数大都市区域都在试图复制它的成功。

到底是什么要诀，使得旧金山湾区在半个世纪以来始终保持突破性创新的巨大动力和能力，持续地对自身经济进行再造，并在每一波全球性的新技术浪潮中保持着最前沿的引领地位？美国加州大学洛杉矶分校的迈克尔·斯多波教授带领研究团队以旧金山湾区和大洛杉矶地区作为对照案例，针对这一问题展开了广泛而深入的调查研究和实证分析，并在《城市经济的崛起与衰落——来自旧金山和洛杉矶的经验教训》[3]一书中进行了层层深入的解读与论证。在详细比较了两个区域在产业发展历程、要素禀赋条件、经济发展政策、区域文化与价值共识，以及社会关系网络等方面的历史和共时数据之后，斯多波教授的团队得出与流行观点迥然不同的结论：

首先，旧金山湾区和大洛杉矶地区在要素成本、硬件环境、政府税收与支出、经济发展与管制政策方面不存在明显的系统性差异；其次，所谓的先发优势和集聚效应也不是旧金山湾区在创新产业上遥遥领先的决定性因子；此外，旧金山湾区密集的风险投资公司常常被认为是湾区建立其在IT

领域主导地位的原因——然而实际上是湾区在IT业的专业化集聚创造了包含风险投资在内的新型商业生态系统。

因此，既有的要素禀赋、偶然事件的冲击和新产业先发优势的动态锁定，并不能自动赋予区域经济转换以动力，它们只是创新传导过程的一部分：区域产生或吸引那些能够构建新产业或在现存产业中引发革命的企业家；企业家进行突破性的科技创新；然后创新又催生出新的组织类型（企业和企业网络）和商业生态系统，并促使系统中的各类行动者形成新的价值共识与行动习惯——将这一创新链接在一起的正是区域催生组织转变的能力。举例来看，在新兴的生物技术领域，洛杉矶地区多为封闭保守的大型"商业主导型公司"，它们尽管研发和生产实力雄厚，却并没有成为区域生物技术集群的种子；而旧金山湾区的科学家和企业家紧密结合，共同开发了新的组织实践，创建了将严肃的科学指导和风险资本基金结合在一起的"科学主导型公司"，推动着湾区生物技术产业集群蓬勃发展。

旧金山湾区独特的企业家精神和技术文化、多元交叉的社会关系网络与上述组织转换的实践也互为支撑，使得旧金山湾区社会关系网络显示出高度开放和多元交叉的特征，与大洛杉矶地区亦迥然不同，擅长突破性创新的湾区企业家们往往能利用跨界经济和社会网络，从不同领域获取和整合知识，形成科技创新或组织创新的新灵感；而作为美国反主流文化的重要中心，旧金山湾区在反主流文化与创新文化的碰撞之下，其技术精英和财富精英往往把科技看作激发更多自由和创新的、改造社会的、乌托邦式的技术手段，并且通常对去中心化和小规模具有天然的偏好，这些精神特质正是破除旧的技术藩篱和组织框架，孕育突破性创新的重要土壤。

最后也是至为重要的一点，就是多元主体在区域协作过程中价值和发展共识的建设。例如，当区域整体性的成本抬升引发制造业衰退之时，旧金山湾区的区域性协作机构自1980年代早期就开始系统性地将本区域描述为创新中心和新经济的引领者，并大力推动相应的发展战略与行动计划。而大洛杉矶地区的区域机构则一味强调重振制造业和港口物流业，逆势而为地使区域重返低价值的传统经济。

综上所述，当区域发展到必须以突破性创新引领的新经济活动为主要发展动力的高成本阶段，区域推动组织模式转换的能力、跨界整合与突破的企业家精神、自由而去中心化的创新文化，以及多元交叉的社会关系网络等相关柔性机制的建设与进化，成为区域创新优势拉开差距的最重要因子。

1.3.2.4　大伦敦地区：精细治理与多元文化景观

大伦敦地区位于英国英格兰东南部，是由32个行政区和1个特别行政城（伦敦金融城）组成的自治区集群。受益于丰富多元的人口构成，伦敦有多样化的城市形象和强大的文化产业，长期蝉联世界文化之都的首位。伦敦超级国际化和精细化的多元空间与文化景观，得益于它在规划治理、开发模式、设计品质方面的多重制度支撑：

首先是顶层统筹与基层自治有效结合、灵活组织的规划治理机制。英国的规划系统在各个层面和节点上做出了相对灵活的布局和管理，使得规划设计项目既严格遵守法定要求，又能结合基层自治区的个性化需求进行灵活的设计、管理、建设和运营。从最初的概念设计到完工的质量保证，乃至项目交付以后的长期运营，伦敦的规划系统均需要综合考虑到各利益相关方的特点和诉求，从不同角度调动各方的主观能动性，以实现最终的多赢。

例如，由于历史原因，伦敦的30多个自治区有着错综复杂的土地资本积累，到现在仍拥有高度自治权——每个自治区根据自己的特质，尽力在自治权限范围内谋求战略利益最大化，力争多元化发展。由于各自治区全权掌握本地规划审批权，规划官员在做出裁定时，除了考虑地方以上层级的所有硬性法定要求外，最主要的还是考虑申请项目对所在区域是否有利、因何有利。因此，申请人必须通过合法、优秀的提案来向规划官员证明其开发项目有助于本地乃至全伦敦的经济、文化、社会公平等方面的提升。

再如，伦敦的总体规划和文化专项战略都具有多领域政策相互交织的特点，尽可能地推动跨领域的综合发展——一个规划项目往往涉及多部门的协同决策和行动。伦敦政府到目前为止共发布了三版《文化战略》，各版文化战略正在逐步扩大范围，所涉及的实施工作也越来越具体化。如今的伦敦文化产业和城市其他方面的发展已经形成了高度叠加交织的态势。

其次，伦敦精细化的城市环境和多元化的文化景观还取决于另一个核心因素——私人产权体系。私人产权和自下而上为主的开发模式塑造了小尺度、精细化的多元城市景观。伦敦长期奉行土地私有制，在法律允许的范畴内，如何将收益最大化是各个利益相关方不变的关注点。在过往的一段时间中，伦敦通过国家、政府和市场的共同试验，探索出了一条"用设计和文化提升价值"的发展公式。而基于对长线收益的渴望和规划法规的客观限制，每个利益相关者都倾尽全力提升自己地块的长远品质和效益，从而形成了相对繁琐且多样化的规划设计和运筹方式。

最后，在项目规划或设计过程中，国际与本土设计力量的高质量、多元化结合，以及政府对产业链上各环节的后台保障，是伦敦始终保持国际一流设计水准和多元城市景观的"杀手锏"。伦敦城市设计的多元化首先体现为国际化——无论是终端使用者、中端设计者或管理者，还是前端的资本来源，伦敦的开发项目里各个环节都充斥着全球元素。与此同时，凭借国际一流的艺术和设计类高校等系统支持，伦敦持续不断地吸引更多的国际人才，使本土设计行业也保持稳健的高质量和增长速度。此外，英国政府在保障全产业链各个环节的质量方面也做了许多工作——政府和相关专业群体一同制定合法合理、具有处理跨国事务能力的项目执行流程、施工合同规范、职业道德准则等，从各个环节严控法规、设计、施工等方面的执行和质量，并疏通调解、申诉等纠纷处理程序，保障各方权益。

【本节作者：刘菁，中国城市规划设计研究院粤港澳研究中心，主任研究员；赵亮，中国城市规划设计研究院粤港澳研究中心，研究员；樊明捷，中国城市规划设计研究院粤港澳研究中心，研究员；张馨月，中国城市规划设计研究院粤港澳研究中心，研究员】

1.3.3 路径选择：迈向更加可持续的五大维度框架

《湾区纲要》所提出的五大定位是对粤港澳大湾区未来发展使命的要求与方向的指引，作为核心价值其长远的指导意义不会改变。在全球疫情、中美脱钩、中国产业链重塑、区域合作强化等重大趋势背景下，粤港澳大湾区在不改变长远目标定位与核心价值的前提下，需要结合生态、创新、人文、互联、协同等五大湾区维度做出调整与应对，从而缓解外向型经济与对外合作带来的巨大压力，并充分拓展内需以抓住新的发展机会，因此，在某种程度上做好内功，且不放弃对外机会可能是更好的选择。

在全球产业链的分工下，尤其是对外向型经济的过度依赖导致粤港澳大湾区过度重视经济的发展而忽略了自身的生态、创新、人文、互联、协同等方面的短板建设，虽然近年来通过持续改善和加快推进取得了很好的成效，但仍有一定的不足，尤其是在近年的中美贸易冲突与全球疫情之下暴露得更为明显。针对这一现象，未来在五大湾区方面，应重点做好如下应对或价值重塑，形成新的组合优势：

1.3.3.1 生态方面，构建兼顾环境品质与韧性安全的生态系统

除了在国土空间规划基础上，从全域的角度建立以国家公园为主体的自然保护地体系以外，重点是强化生态修复，完善绿色休闲设施，构建安全与品质兼顾、满足人们休闲要求的生态系统格局与绿色休闲网络。另外，结合此次疫情期间封闭社区管理的特殊情况，完善和优化社区这一城乡基本单元的生态绿地、休闲体育设施布局等，改善人居生态环境。此次新冠肺炎疫情让人们更加重视未来可能的灾害所带来的影响，粤港澳大湾区需要未雨绸缪，增加城市韧性，除应对台风等自然灾害以外，借鉴其他世界级湾区经验，做好未来海平面上升的风险应对。

1.3.3.2 创新方面，构建兼顾内生动力和市场需求的创新链系统

一方面，继续发挥港澳优势，拓展与"一带一路"等地区的合作，鼓励企业、资金、产品、技术、服务走出去。另一方面，利用新基建建设优势，大力发展新型消费产业，在推动消费升级的同时拓展内需市场，优化产业结构。尤其是在科技创新方面，尽快弥补基础研究短板，在中国科技创新突围中发挥重要引领作用，为中国双循环产业链的构建与全产业链的完善贡献力量。

1.3.3.3 人文方面，构建兼顾多元人群和创意需求的公共服务系统

除强化文化资源保护以外，重点是利用历史文化资源，将其场所与公共活动等相结合，形成满足人们多元化需求的文化创意网络。弥补教育、医疗、住房等公共服务短板，通过保障性住房建设、加大学位供给、依托区域合作与在线服务等多种方式缓解成本增高带来的竞争劣势，形成具有人文温度的创新与发展环境。

1.3.3.4 互联方面,构建兼顾高效安全与绿色智能的要素流动支撑系统

加快轨道交通建设,完善区域枢纽交通网络,为粤港澳大湾区空间优化,推进以都市圈为核心的城市群治理模式提供支撑。适应高密度发展的管理需求,强化公共交通为主导,完善慢行交通系统建设,形成两者的无缝衔接,满足在重大公共事件影响下的交通多元供给。利用5G相关科技与企业优势,推进智慧交通、物流、管理等优势,加快智慧城市建设,建设全球智慧湾区,为高密度城市群地区提供高效的要素流服务支撑。

1.3.3.5 协同方面,构建贯通区域管治与社区组织的现代化治理系统

只有充分发挥各自优势,构建推动区域紧密合作的新型治理模式才能共同抵御未来的发展风险,形成新的竞争优势。面对国际各种危机,港、澳依然具有不可替代的自由市场与竞争优势,其作为粤港澳大湾区链接内外两个市场的枢纽地位依然重要,因此,充分发挥"一国两制"优势,共同拓展"一带一路"国际市场空间,对港澳和整个大湾区的经济繁荣稳定都具有重要意义。另外,随着广州、深圳等大都市圈的提出以及湾区空间的重构,需要从以城市为单元迈向以都市圈为单元的区域治理模式,共同优化产业链,拓展内需市场,完善公共服务。而此次新冠肺炎疫情更凸显了智慧信息管理平台的重要性,信息等资源的共享将极大地促进区域管理效率。另外,社区管理在此次疫情中发挥了重要作用,未来需要充分发挥社区积极性,调动公众的参与热情,形成大湾区兼具效率与活力的现代化多元治理模式。

【本节作者:石爱华,中国城市规划设计研究院粤港澳研究中心,主任研究员】

参考文献

[1] Regional Plan Association. The Fourth Regional Plan for the New York-New Jersey-Connecticut Metropolitan Area [EB/OL]. http://fourthplan.org/,2017-11.

[2] 日本国土交通省. 首都圈整备计划 [EB/OL]. https://www.mlit.go.jp/common/001128802.pdf,2016-04-26.

[3] 迈克尔·斯多波等. 城市经济的崛起与衰落:来自旧金山和洛杉矶的经验教训 [M]. 刘淑红译. 南京:江苏凤凰教育出版社,2018.

第 2 章
五大湾区

2.1 生态湾区：高密度下的健康休闲保障与风险预警防控

2.1.1 全域空间：体系构建与品质提升

2.1.1.1 优化自然保护地体系

粤港澳大湾区生态空间受到挤压，威胁生态安全。在大湾区这样的高密度城镇化地区，一定规模与高品质的生态系统是改善其人居环境、确保生态安全、有效应对自然灾害与公共卫生等重大事件的重要保障。过去数十年间，粤港澳大湾区经历了快速的城镇化过程，根据历史遥感影像分析，2000年以来建设用地年均增长约5%，各城市在土地资源紧缺情况下向海要地，大规模的填海造陆导致珠江口海域面积缩减15%以上。生态空间的减少是众多生态环境问题的根源，生境破碎化威胁到生物多样性，阻碍城市向更高层次发展；部分城市下垫面硬质化和水源涵养功能减退导致河流基本丧失了自然水源，只能依靠废污水和再生水补给，严重影响下游的环境质量。

自然保护地对粤港澳大湾区改善生态环境意义重大。大湾区自然保护地数量在全国处于领先地位，肇庆市鼎湖山是全国第一处自然保护区，2018年，广东省县级以上自然保护地共1362个，其中自然保护区377个、风景名胜区26个、地质公园19个、矿山公园7个、森林公园712个、湿地公园214个、海洋特别保护区（海洋公园）7个[1]；香港拥有超过4万公顷的郊野公园和米埔湿地等特别地区；澳门为保护水鸟和湿地资源，设立了路氹城生态保护区。在城市发展过程中，由于自然保护地的存在，大量位于城市核心地区的生态空间被保留下来，例如广州白云山、深圳羊台山、梧桐山等，对改善城市生态环境和宜居品质发挥了重要作用。

利用自然保护地整合优化契机完善生态空间保护与利用。2019年6月，中共中央、国务院印发《关于建立以国家公园为主体的自然保护地体系的指导意见》，明确将自然保护地按生态价值和保护强度高低依次分为国家公园、自然保护区、自然公园3类，要求到2025年完成自然保护地整合归并优化，完善自然保护地体系的法律法规、管理和监督制度，到2035年显著提高自然保护地管理效能和生态产品供给能力，全面建成中国特色自然保护地体系。自然保护地建设是一项长期工作，

---

1 全省自然保护地建设管理工作会议，2018年，广州。http://lyj.gd.gov.cn/news/forestry/content/post_2167921.html.

近期重点是完成自然保护地整合优化，粤港澳大湾区应结合国土空间规划编制工作，在现有生态资源本底基础上，利用丰富的海岛、海岸线、江河水网和环绕都市区的山体森林创建一两处国家公园，与自然保护区、自然公园共同形成完善的自然保护地体系，构建相互联系的自然保护地集群，形成受到严格保护的生态空间网络。远期应依托自然保护地持续开展高水平生态建设，保护和恢复生物多样性，形成高品质的自然生态系统本底，构筑支撑粤港澳大湾区高质量发展的绿色开敞空间。

2.1.1.2 系统开展生态修复

国土空间生态修复成为粤港澳大湾区现实需求。党的十九大报告指出，我国经济已由高速增长阶段转向高质量发展阶段，粤港澳大湾区在长期粗放发展过程中积累的大量生态环境问题到了必须解决的时候，开展生态修复成为各城市的必然选择。进入国土空间规划时代，生态修复的地位进一步提高，并且逐步走向全域修复。粤港澳大湾区土地开发强度较高，核心城市已超过或接近30%的警戒线，如深圳、东莞、珠海、广州分别为48%、47%、35%、25%，香港为24%。在高密度城市环境下，生态修复面临更多挑战，以往的生态修复工作既取得了良好成效，也存在很多问题，例如一些城市仍大量采取箱涵截污或控源截污等不彻底的急功近利的方式治理河流，导致整体收效甚微，距离长治久清还有很大距离。未来生态修复工作必须重视对生态系统内在运行规律的研究和应用，加强城市内外生态联系，将自然带回城市。

在各层面推进流域水环境协同治理。水环境污染和水生态退化是粤港澳大湾区突出的生态环境问题，导致丰富的海湾和水网资源不能充分发挥应有的作用。粤港澳大湾区不同行政区域间水环境联系紧密，只有跳出行政边界，开展流域协同治理，才能最终还大湾区一湾清水。首先，在省级层面加强水环境治理跨省协作。珠江流域面积45.37万平方千米，主要涉及广东省和广西壮族自治区。随着《湾区纲要》和《广西全面对接粤港澳大湾区建设总体规划（2018—2035年）》的先后印发，两地之间的水环境协同治理迎来了难得的机遇，应基于建设大湾区优质生活圈、巩固和发挥广西生态优势等共同利益，形成共同约束、共同管理机制，组织开展协同治理工作，建立生态补偿机制，促进流域生态利益的合理分配。其次，在粤港澳三方及各城市之间推进流域治理协作。深圳河治理工程取得良好成效，创造了界河治理工程的成功模式，而茅洲河的协同治理为普遍存在的跨市河流污染问题提供了解决方案。在跨界河流治理中，市级层面的政府协作不可或缺，通过建立联动工作平台统筹协调各方力量，明确双方责任分工，定期召开协调会议，必要时发挥省级政府的监督协调作用，能够防止两地治理步伐不一致造成的水环境治理难见效、易反弹等问题。最后，在地市层面推行跨区水污染协同综合治理。东莞松山湖（生态园）在流域治理中不局限于园区内部，而是将周边街镇一并纳入，按照水污染控制区统筹制定方案。实践经验表明，在街镇分割地区，各自的管辖水系易受外来污染物影响，必须在行政区划之间建立沟通协调机制，统一规划、协同治理。

应用基于自然的解决方案（NbS）开展生态修复。基于自然的解决方案（NbS）是通过对自然资源的有效管理，创造城市转型发展新机遇，保护生物多样性，提升人类健康和福祉的发展思路。NbS经过多年发展，在应对城市化和气候变化，缓解社会生态系统压力等方面发挥了越来越大的作用，形成了完善的理论和实践框架[1]。在我国，工程化思维一直主导着社会经济建设，在生态修复中倾向于使用较多的人工干预手段。由于粤港澳大湾区城市的高密度特征，生态系统受干预程度较高，如果将人工措施当作生态修复的主要途径，容易导致"伪生态"行为，促使自然生态系统的进一步消亡。NbS强调对自然资源的管理和利用自然做功，既非简单的回归自然，也非粗放的工程干预，在粤港澳大湾区生态修复的各种路径中具有优越性。如今，居民亲近自然的需求日益增加，"近自然河流""近自然绿地"等建设活动越来越普遍，"城市荒野""城市野境"等概念相继提出，未来应通过NbS[2]等生态修复路径，解决生态环境问题，提升生物多样性，促进城市的高质量发展。

2.1.1.3 完善休闲游憩功能

数量和质量并重建设城市开放空间。以蓝绿空间为主体的开放空间构成了城市休闲游憩功能的基础。过去对城市开放空间的数量较为重视，大多通过绿地率、人均公园绿地面积、森林覆盖率、河湖水面率等指标进行考核。经过多年建设，粤港澳大湾区各城市建成区绿地率和人均公园绿地面积逐年增加，休闲绿地面积不断扩大，各城市主要绿化指标基本达到国家生态园林城市标准，在开放空间总量方面形成了良好基础。未来，粤港澳大湾区应优化城市开放空间分布，改善空间分配不均的问题，重点提升城市开放空间品质，加强生物多样性保护，做到量质并举。

图2-1　粤港澳大湾区2019年各市绿化指标统计
数据来源：2019年城市建设统计年鉴

加强休闲游憩品牌建设和全民共享。《湾区纲要》提出构筑休闲湾区，建设国家全域旅游示范区的目标，在休闲湾区建设中，除了传统旅游活动外，还应关注与城市居民关系密切的休闲游憩设施建设，打造具有辨识度的休闲游憩品牌，促进资源全民共享。香港城市休闲游憩体系在大湾区具有较高的借鉴意义，例如遍及城市的郊野步道，可供欣赏山海自然美景和郊游漫步，麦理浩径、龙脊道等徒步路线久负盛名；香港拥有大量小而精美的沙滩向公众开放，且公共服务设施完善。在大湾区各城市内，还有相当多的优质休闲游憩资源，但因缺少维护、设施短缺、知名度不高等原因而未得到有效利用。目前，大湾区已建成超过2000公里的主干绿道网络，并正在开展6条古驿道和千条碧道建设，在完善绿色基础设施的同时，应更加关注休闲游憩品牌的建设，加强日常管理和服务，整合零散的点状游憩资源，促进海滩、岸线等生态资源向公众开放，通过重点打造精品路线，形成辨识度高、口碑好的日常休闲游憩目的地。

2.1.2 社区单元：绿色低碳与健康休闲

2.1.2.1 生态文明要下沉到社区

社区是城市生态文明建设的细胞。全球新冠肺炎疫情让人们无奈地选择了居家隔离，社区成为人们主要的活动与休闲空间，其生态环境品质与休闲娱乐设施的配置直接关系着居民的健康。而高密度地区由于用地资源稀缺，难以在区域和城市尺度确保大规模的生态休闲空间，社区更是成为改善人居生态环境、提供休闲交往空间的基本单元。住房和城乡建设部提出的"完整社区"涵盖环境质量、公园绿地建设、生态文明行为等方面，是从微观角度推进生态文明落地从而建设真正生态社区的重要思路。

与国外很多城市甚至国内长三角地区相比，粤港澳大湾区不仅整体生态环境品质有待提高，社区生态环境建设也相对滞后。社区之间发展很不平衡，有的社区生态本底优良，公园绿地完备，排水设施完善；而城中村等社区环境质量较差，蓝绿空间缺乏，雨污合流。未来应高度重视社区生态环境改善与休闲娱乐等设施配置，借鉴我国香港、新加坡等高密度地区经验，充分利用开敞空间，完善生态绿地与体育休闲、文化娱乐设施，增加阳台等场所垂直绿化空间，为居民提供最为便利和舒适的生态休闲与社会交往空间。

2.1.2.2 多维度精雕生态社区建设

从生态文明理念的内涵入手，选取6个维度创建大湾区生态社区，包含海绵社区、无废社区、韧性社区、低碳社区、智慧社区、人本社区。社区尺度是推进海绵城市建设的最好尝试，可充分考虑建筑形式、下垫面类型、蓝绿空间分布等，织补蓝绿空间、削减面源污染，具体开展野生动物友好型和居民友好型绿地建设。完善垃圾分类需要从源头推进垃圾减量化和资源化利用，让社区发挥主体作用，逐步推进无废社区建设。社区作为日常生活的主要场所是灾害防治的第一道关卡，完善韧性空间格局和疏散路径，建立防灾设施和预警机制，调动居民自救积极性，是保护生命财产安全的重要举措。为应对未来气候变化和气象灾害，实行绿色、生态、低碳、循环发展也有赖于社区层面的努力，如推广节水设施、发展太阳能和风能发电、推进雨水资源化利用与中水回用等。社区作为城市基本单元更是大数据来源与汇集的末梢，智慧城市建设离不开智慧社区的支持，如对供水的水质、压力、管网监测，对能源的能效分析、故障预警、精准计量，对门禁、停车、物业、安保等进行智慧升级。社区的认同感和归属感是居民对所在城市温暖认知的关键，通过开展便民利民服务，特殊群体的社会救助、社会福利和优抚保障服务，丰富的社区活动等建立人本社区是增加城市吸引力的重要途径。

2.1.3 风险应对：前瞻预警与联防联治

2.1.3.1 气象灾害不容忽视

粤港澳大湾区因地理位置特殊而台风、暴雨、雷电、大风、高温、寒冷等灾害性天气多发，且易受热带气旋侵袭，年均遭受热带气旋1.5个。2018年，共有6个热带气旋影响或登陆粤港澳大湾区，其中超强台风"山竹"造成直接经济损失约117.5亿元。大湾区降水丰沛但空间和时间分布不均，多年平均降水量为1930毫米，西南部江门等地大于2400毫米，西北部肇庆和东北部惠州等地介于1200毫米与1800毫米。2018年汛期（5月7日—10月23日）大湾区平均降水量1716毫米，约占2018年平均降水量（2072.8毫米）的83%。极端降雨叠加基础设施的不足，导致城市内涝风险加剧。2020年5月22日，东莞、广州突降暴雨，东莞东城录得最大3小时雨量351毫米，为有气象纪录以来历史最高纪录，暴雨造成全市113个内涝积水点，受灾人口11747人，农业损失1746万元、工矿企业损失1359.3万元、基础设施损失278.8万元、家庭财产损失1321.2万元。

因气象灾害影响面积广，粤港澳大湾区应强化区域信息共享：联合开展风险评估，建设区域气象灾害监测评估预警平台。2020年4月，中国气象局发布《粤港澳大湾区气象发展规划（2020—2035年）》，全面推进内地气象同香港、澳门协同发展、互利合作，通过构建高效科学的气象灾害防治体系、提升气象灾害链综合监测预警能力、搭建气象灾害分析研判"一张图"、强化网格化灾害风险预警业务、建立气象信息发布综合枢纽，实现防减救灾服务"安"民。

2.1.3.2 海平面存在上升风险

粤港澳大湾区地形特殊，珠江三角洲及河口地区河涌交错，河网密度达0.72千米/平方千米。全球气候的剧烈变化尤其是可能变暖的趋势将带来海平面上升的巨大风险，目前已经成为世界湾区包括沿海城市应对自然灾害所考虑的重点内容。根据中国地质调查局广州海洋地质调查局相关资料[1]，若海平面上升1米，大湾区可能淹没的区域面积将达3600平方千米；海平面上升3米，淹没的

---

1 数据来源：《粤港澳大湾区海平面上升风险评价图》，广州：广州海洋地质调查局，2018年。

区域面积可达8257平方千米；海平面上升5米，淹没的区域面积将超过13000平方千米。风险较高区域主要分布在珠江口以西海岸带地区，包括广州南沙、中山、江门、澳门等珠江入海口附近及周围区域。

海平面上升直接威胁大湾区的经济社会安全，应通过区域联防联治的方式，合理确定地下水资源开发利用方式，建立重点区域的地面沉降监测网络。制定滨海生态系统保护策略，合理开发利用滩涂资源，形成区域性有效抵御突发性灾害气候的现代化城市防汛除涝体系，保障区域的稳定安全。

【本节作者：牛宇琛，中国城市规划设计研究院深圳分院城市基础设施研究中心，研究员；鄢琦，中国城市规划设计研究院深圳分院城市基础设施研究中心，研究员】

参考文献

[1] 林伟斌，孙一民. 基于自然解决方案对我国城市适应性转型发展的启示 [J]. 国际城市规划，2020，35（02）：62-72.

[2] Global Standard for Nature-based Solutions. A user-friendly framework for the verification, design and scaling up of NbS. First edition. Gland, Switzerland: IUCN，2020.

2.2 人文湾区：提升文化魅力，补足民生短板

2.2.1 满足社会交往需求，创新文化空间场所价值

文化魅力是世界一流湾区和城市群的核心竞争力之一，要提升国际文化影响力其核心是在保护好历史文化资源的同时，发挥其文化和场所价值，将本土历史文化的沉淀和魅力与场所空间的设计和利用相互结合，形成从物质空间到文化内涵的整体提升，兼顾人们文化活动需求与本土文化国际品牌特色及吸引力塑造的双重功能，使粤港澳大湾区成为国际人文交往中心。

2.2.1.1 文化保护内涵不断丰富，文化积淀与人文精神日益迸发

2018年1月，国家颁布第一批中国工业遗产保护名录，涵盖了造船、军工、矿业等主要门类，共有100处具有代表性及突出价值的工业遗产。其中顺德糖厂、广州协同和机器厂、广州柯拜船坞3处工业遗址入选。2019年4月12日，又发布第二批名录，广州广南船坞、广州太古仓码头、澳门东望洋灯塔、湛江硇洲灯塔、广州海珠桥、广九铁路入选。工业遗产是一种特殊的建筑遗产，它更像是一件陈旧的铁器，只有通过创造性地锻造和打磨，并赋予与其特质和应用环境相适应的功能方可最大限度地发挥其价值。

2002年建成的深圳市莲花山顶公厕，其设计中体现的环境低冲击理念、人与自然的融合、生态节能技术的运用等，均得到了业内外的广泛认可和尊重，并入选《深圳当现代建筑》。但随着深圳人口和游客的加剧，莲花山顶公共厕所不堪重负。2018年8月该公厕被拆除，一篇"悼念"该厕所的文章在朋友圈刷屏的背后，也表明建筑师对深圳现代优秀建筑保护状况的担忧。同样，深圳体育馆是20世纪80年代深圳八大文化设施之一，是当时全国设备最先进、功能最齐全的现代化体育馆。2018年8月中旬，关于拆除深圳体育馆的传闻引起了热议和国内建筑界的关注，来自建筑、设计等领域的专家和市民纷纷表达意见："建议保留深圳体育馆，并对现有场地与场馆进行改造提升"；"40年的城市应当善待33年的建筑，深圳应当像其他城市保留历史建筑一样保护当代建筑"。最终深圳市体育馆于2019年被拆除，但此事件引发的热烈讨论体现了深圳这座年轻城市所酝酿的文化精神，以及背后对当代建筑保护的制度及做法的思考。近现代文化建筑也是城市内涵的组成部分之一，这些"老建筑"承载了一个城市的记忆，市民也要加强保护意识，同时在不损害建筑本体、保护整体风貌的原则下加以活化利用。

在我们国家目前的法规体系中，对于没有保护身份的当代建筑，在拆除程序上并没有明确规定，这一类建筑中有很多是好作品。粤港澳大湾区也在不断深入思考文化保护内涵，针对城市特性，挖掘梳理不同类型的文化遗产。

2.2.1.2 激活历史文化遗产，营造创意空间场所

地方文脉是彰显城市文化特色的宝贵资源，近几年各地盛行的历史文化街区改造、历史建筑商业开发等文化遗产复兴行动，例如成都的锦里、太古里，上海的新天地等，都能让人感受到当地的文化特质和生活方式特点[1]，带有遗产性质的文化场景更具有历史延续性，从一定程度上解决当下中国城市"千城一面"的难题。

粤港澳大湾区内存在大量的物质文化遗产和非物质文化遗产，以历史文化街区、历史文化名城[2]、名镇和名村为主的空间场所传递着城市的历史信息和发展脉络，是城市文化生态和传统文化特色的集中代表，应当在延续特色、传承文脉的基础上加以保护、活化与利用，围绕以历史特色建筑、工业遗产片区等为主的文化遗存型存量空间，进行空间优化利用，塑造地区文化气质，通过打造网络化的文化创意空间带动城市复兴。

一方面，将历史文化遗产与城市地方特色有机结合，通过城市内部文化游径，串联历史文化空间，推动历史文化遗产保护利用的集聚化发展，将文化遗产与城市品质提升相结合，突显城市文脉和特色。以广州为例，通过策划打造7条"最广州"历史文化步行径[1]，串联"海丝风情"和"广州味道"的文化资源，实现对历史文化、历史建筑的保护和修复，并将城市特色和旅游及公共空间结合，增强历史文化可读性和可游览性。而广州东山新河浦历史文化街区与广州钢铁厂的复兴则是非常成功的经典案例。

2019年11月29日，在日本福冈举行的"亚洲都市景观奖创设10周年纪念暨颁奖礼"上，"广州东山新河浦历史文化街区复兴工程"从15个国家和地区的69个参评项目中脱颖而出，荣获"2019亚洲都市景观奖"。东山新河浦历史文化街区是广州市现存规模最大的中西结合的低层院落式传统居民群和历史街区，越秀区政府通过保留街区历史文脉和风貌肌理，建设历史文化长廊和铺设文物径，将街区改造成为流动文化展示博物馆，并通过实施"东山印象"品牌建设计划，组织东山艺术市集等文化活动，联动区域内艺术空间、文创空间、主题咖啡等复合业态空间，营造沉浸式体验，构建具有丰富历史文化韵味的交流聚会场所和良性的国际艺术文化传播格局。

广州钢铁厂的部分工业文化遗址基地被依法划定为广钢公园后，将工业文化遗产资源与城市公园艺术功能相结合，充分发挥工业文化游憩和经济价值，串联出一条以工业遗迹、绿色廊道、文化艺术为主体的特色游径[3]，将广钢公园打造成为集遗址公园、创意文化、公共休闲、购物旅游、绿色生态为一体的国际级"文化生活中心"。

另一方面，围绕日常生活消费的需求，修补活化传统社区文化空间。社区生活品质逐渐成为判断城市宜居与否的标准，因此社区成为最适宜展现城市文化的单元。在日益增长的城市居民消费需求下，散布在城市各区域的小型日常文化休闲场所逐渐受到市民青睐。对老社区、旧城区内的历史

1　广州总体城市设计。

文化街区、城中村可以采用修补和活化的思路，营造社区场景，赋予文化意义，将新的设施、商业、服务整合到旧的空间中，形成新的社区生活环境和生活方式，咖啡馆不仅仅是提供饮品的生产性场所，更是提供人与人之间交流、沟通的传播场所。

深圳/香港双城双年展每届更换一个场地，激活一个地区，一直被视为介入和激活城市、促进城市再生的能量。2017年深圳双城双年展将主场选定南头古城，并在罗湖、盐田、光明、龙华选取5个城中村作为分会场，将厂房空间、城中村街道、广场、居民楼、历史建筑和公园等多样的空间类型打造为展览活动现场，在对居民生活产生最少干扰的同时最大限度地提升公共空间品质，并为未来发展留有足够空间[1]。同时通过文化活动促进城中村复兴，挖掘当地文化特色，以一系列建筑师和艺术家共同组织参展为亮点，在筹办期间以重点公共空间改造及公共活动为切入点，引进文化类企业、与建筑师合作，对具有空间特色的建筑进行改造，将文艺引入"村"，为居民提供一批高品质的阅读、观展、倾听的文化场所。受到文化活动潜移默化的影响，部分村民表达了与设计师合作提升物业艺术价值的意向，激发了居民对改善生活环境的意愿与信心。

2.2.1.3　串联历史文化空间，构建跨区域文化遗产游径

从绿道到古驿道到碧道，粤港澳大湾区拥有丰富的历史文化遗产，且文化之间具有内在的关联性。

2019年5月27日，为进一步加强粤港澳文化遗产合作和保护利用，加快推进粤港澳大湾区文化遗产游径建设工作，广东省文化和旅游厅发布《粤港澳大湾区文化遗产游径建设工作方案》，要求构建大湾区文化遗产游径，依托广东、香港、澳门三地共有的丰富历史文化遗产，通过有效串联，三地共建，共同展示文化交融性和岭南文化特质。2019年建成孙中山文化遗产游径、海上丝绸之路文化遗产游径、华侨华人文化遗产游径和古驿道文化遗产游径共4条游径线路；2021年建成近代商埠开放文化遗产游径、近代西学东渐文化遗产游径、海防史迹文化遗产游径、非物质文化遗产游径（美食、民俗）、历史文化街区游径等重点线路。

粤港澳大湾区用游径的方式把三地文化遗产以不同的主题串联和激活，一方面能使文化遗产得到很好的保护和活化利用，另一方面也将推动文化与旅游融合，增强湾区文化影响力，丰富湾区人文精神内涵。

2.2.1.4　创新利用和共享公共空间，营造文化场所氛围

随着人民生活水平的迅速提高，城市文化需求层次也不断提升，高质量发展、高品质生活成为城市化下半场的主旋律。面对以美术馆、博物馆等文化地标建筑为主的城市文化场所，除了为市民提供基础的文化产品及文化服务以外，应迎合现阶段人们对高品质生活的需求，以提升城市文化竞

1　urbanus 都市实践官网。

争力和城市宜居品质为目的，激活文化内涵，加强跨界合作，营造高品质文化精神空间。

一方面，可通过文化空间改善城市公共空间品质，对地铁或天桥下等区域较为压抑的空间场所，通过文化艺术空间的构造提升城市局部品质。对低成本低效率空间通过注入文化内涵与体验式消费使其被再次利用，打造成为城市文化公共空间，向城市注入文化能量，提升城市整体活力与竞争力。

在疫情影响下，居民对社区公共空间需求及氛围营造要求日渐增高。大湾区各类商业区公共空间通过搭建"爱心驿站"、举办"爱心接力站"活动等方式，呼吁商家提供免费餐饮给环卫工人、快递员、外卖小哥等，传递人文关怀，焕新城市美好生活空间。深圳为缓解疫情期间停车困难问题，将99条道路设置为机动车临时停放区，降低了因小区封闭式管理导致外来车辆停车不便的压力，体现了城市在应对危机时精细化管理能力的提升以及"以人为本"的治理理念。

另一方面，可以通过打造互联网经济下的新消费特色空间，集聚先锋文化创意场所，如将公园改造为室外文化展馆、延长底层商业门店营业时间提升夜间活力、利用屋顶设置户外活力设施打造酒吧街等，多元利用公共开放空间的同时，提升公共文化体验。

2020年4月广东省商务厅印发《广东省加快发展流通促进商业消费政策措施》，鼓励主要商圈适当延长营业时间，发展文化旅游"夜经济"，打造夜间经济示范商圈，丰富夜间文化演出市场和其他消费热点。可见，"夜间经济"作为现代城市的业态之一正逐渐成为城市经济新的增长点。广东省"夜间经济"发展一直居全国前列，广州市、深圳市、东莞市均位居淘宝夜间消费最活跃城市的前十[1]。根据广州市商务局统计，2018年广州市零售和餐饮企业70%以上营业额发生在夜间经济时段，部分文娱旅游及住宿行业夜间经济营业额占比达90%以上。2019年8月1日开始，广州市包括三大会址纪念馆、农讲所、广州起义纪念馆、广州博物馆在内的首批11家博物馆（纪念馆）实施夜间开放，开展参观、讲解以及推出适合夜间开展的文化艺术活动。深圳则形成独特的夜间文化，于CBD的中心书城旁开设24小时书店"星光阅读栈"，话剧、音乐剧、交响乐等文化演出也不断开辟更多夜间休闲娱乐的活动空间。

2.2.2 激活智力资源，提供全龄化教育服务

2.2.2.1 面向科技创新，引入高精尖专业，大力发展国际教育

粤港澳大湾区高等教育综合性大学共计151所，主要集中在广州，其中一些高品质大学拥有几十年甚至上百年历史，文化底蕴丰富，未来需加快国际化进程，提升世界学术影响力。作为大湾区创新引擎城市，深圳正在积极补教育短板，在引入国际优质高等教育方面做了不少努力。目前有深圳大学、香港中文大学深圳分校、南方科技大学，以及北大、清华、哈工大研究生院，清华伯克利大学、南科大-哥本哈根大学特色学院、深圳北京理工-莫斯科大学、深圳墨尔本生命健康工程学

---

1 《阿里巴巴"夜经济"报告》。

院等一批国际化、创新性、特色化的高校，以及促进国内外名校、科研院所来深圳进行科技成果转化和产业化的虚拟大学园。

结合世界一流湾区高等教育情况，粤港澳大湾区需要建设国际教育示范区，继续引进世界知名大学和特色学院，推进世界一流大学和一流学科建设，对标顶级湾区高等教育科研水准，在科技研发、学术创新方面加大投资力度。同时，支持粤港澳高校合作办学，充分发挥高校联盟作用，促进学术交流和学习。鼓励高校参与国际科技创新合作，共同举办科技创新活动，支持企业到海外设立研发机构和创新孵化基地，鼓励境内外投资者设立研发机构和创新平台。鼓励其他地区高校、科研机构和企业参与大湾区科技创新活动。

一座全球知名的顶尖大学不仅可以引进和培育更多的高端创新人才，更可以通过国际校区模式提升城市和区域国际影响力。建议设立"世界大学城"，以完备的产业结构和一定的政府投资吸引并鼓励世界百强大学设立湾区分校，招揽外籍教师、教授和国际生源，提升粤港澳大湾区整体教育水准和国际化程度，并服务于产业升级，孵化出更多的科创型企业。

2.2.2.2 加大学校投入，缓解学位房与学位短缺压力

学位房一直是个热门话题，大湾区最典型的城市深圳，学位房二手房成交价屡创新高，如龙华的汇龙湾、金亨利以及莱蒙水榭春天等，因学位优势在2019年就是龙华二手房单价超过10万元/平方米的主力；一些户型面积较小的学位房，由于总价较低，借学位优势二手房成交价比市场价上涨高达100万~200万元；某些突然爆发出优异成绩的学校，周边房价也随之迅速大幅上涨，可见深圳市场对学位反应非常灵敏。近几年深圳出台了"学位锁定政策"，要求学区内一套房屋只能供一户家庭（一对夫妇）的孩子申请学位，如果使用祖父母、外祖父母名下的房屋，该房屋只能用于其一个子女家庭的孩子申请学位。同时申请实行学位房制度的学校，小一和初一新生使用过的房屋信息已被锁定，学生在读期间（小学6年、初中3年）该房屋不能再次用于申请公办学位，部分区的九年一贯制学校锁定时间为9年。"学位房锁定政策"在时间线上降低了学位房的重复使用率，虽然对改善学位对住房交易的影响有一定作用，但依然无法缓解紧张的学位带来的房价上涨压力，家长对优质学位的需求与学位的供给矛盾仍在扩大。有房产中介的数据显示学区置业的需求占比为18.8%，在所有购房目的中位列第二。作为全国改革开放的先锋城市，深圳几十年间吸引了无数有才华的年轻人来此就业、生活、成家立业，但来自这些家庭的孩子却无法享受与这个城市实力相匹配的教育资源，是值得政府反思与应对的重要挑战。

为应对学位紧张问题，促进各梯队教育资源更加均衡地发挥作用，2020年深圳教育局提出所有义务教育公办、民办学校全面落实免试就近入学，超过招生计划数的民办学校，全部实行电脑随机摇号录取。同时，大力补充教育资源，扩建多所学校，扩招聘中小学老师，增加教育预算支出，优先保障教育规划、用地、建设，甚至在硬件设施尚未完善或受到制约时，采取"借地办学"，即先借用其他场所开办学校来缓解学位压力。

2.2.2.3 发展社区教育，重视公民再培训，推动全民智力升级

2018年，深圳市教育局印发《深圳市教育局关于征集深圳市社区教育服务民生创新工作案例的通知》，评选出一批社区教育服务民生创新工作案例，涉及家庭医生工作室、音乐盛宴、亲子教育-家长学堂、老年人电子科普、健康娱乐等，社区教育内容丰富多彩。社区教育的大力发展有利于弥补义务教育、中等教育、高等教育的不足，满足全民智力升级的多元化需求。

北欧的民众教育即社区教育，有民众学校和学习小组，强调通过教育力量使社区民众自觉自主参与改善社区政治、经济、文化生活的过程；美国的社区学院是世界上最完善的社区学院系统，建立了充满生机和活力的人才机制；日本社会教育与"社区教育"概念相似，"公民馆"将其作为终身教育的主要方式，并按成人前期、成人期、高龄期划分。

社区教育涵盖成人再教育、职业技术教育等，可以辅助解决城市发展中面临的一些问题，如不断膨胀的城市人口、农村剩余劳动力涌入城市等带来的人口素质与技能提升、社会再就业等需求。与此同时，粤港澳大湾区未来将面临严重的老龄化、贫富差距导致的教育差异以及高强度生活节奏带来的邻里隔阂等问题。基于现有社区教育基础，建议粤港澳大湾区逐步完善社区教育体系，全面推进多元化的社区教育，提升社区居民整体素质，缓解以上问题所带来的社会压力。

2.2.3 推进资源共享，完善医疗服务体系

2.2.3.1 推动医疗服务对接，建成大湾区"90分钟健康圈"

借助地理临近优势，加强粤港澳大湾区内部城市医疗合作，构建优势互补的医疗合作体系，提升大湾区医疗服务水平。大湾区医疗协同发展的需求日益凸显，《内地与香港关于建立更紧密经贸关系安排》（Closer Economic Partner Ship Arrangement，CEPA）、《粤港合作框架协议》《粤港澳大湾区卫生与健康合作框架协议》等的签署，为粤港澳医疗协同发展奠定了良好的基础。另一方面，随着港珠澳大桥的开通，粤港澳之间的互动交流更加密切，公共卫生和医疗健康服务需求进一步扩大。如，香港有对标世界的先进医疗技术，能为大湾区居民提供优质的医疗服务，而大湾区医疗机构积累的经验技术和病例分析，也为香港科研带来更好助力。在此基础上，未来应加强不同城市，尤其是香港、广州、深圳等城市之间的合作。为此，应①进一步推动医疗规则衔接；②建立医疗健康共同体，推动医疗产学研协同创新，发挥医疗科技平台的协同创新作用，促进优质医疗资源协同供给；③深港医疗协同发展方面做好先行示范。

充分利用互联网优势，整合粤港澳大湾区医疗资源，帮助欠发达地区改善医疗环境，缓解医疗分布不均的问题。医疗健康科技平台微医公司在香港宣布成立粤港澳大湾区协作平台，目前已连接广东省21个地市及香港79家医院、1万多名医生，建立了32个互联网医联体、数十个专科协作联盟以及500家药诊店网点，并在粤港澳大湾区成立了9个地市的微医湾区城市服务基地。该平台

以"互联网+"紧密联合大湾区各医院，共同为大湾区居民提供预约就诊、线上复诊等便捷就医服务。对于医疗资源缺乏的偏远地区，可通过提供病患信息，以远程就诊方式解决问题，在一定程度上缓解粤港澳大湾区医疗资源分布不均问题。并通过整合线上、线下医疗资源，建成粤港澳大湾区"90分钟健康圈"，构建方便快捷的医疗体系。

2.2.3.2 发挥社区医疗服务作用，完善分级诊疗体系

社区医疗组织在新冠肺炎疫情期间发挥了重要作用，其中社区卫生服务中心犹如一张网，为社区居民常见病、慢性病承担"守门"的角色。当前粤港澳大湾区医疗体系还存在大医院资源相对垄断、医疗服务集聚、基层医疗机构人员流失等问题，制约了分级诊疗体系的形成。未来应充分发挥基层医疗组织尤其是社区医疗组织的作用，扶持社区诊所和民营诊所。具体可以参考国有企业改革的模式，对公立与民营基层医疗机构予以优化，结合实际情况鼓励基层培训与专家下沉，提升基层诊所服务质量和就诊效率，同时转变医保支付方式，支持基层医疗机构转型。

2.2.4 缓解高成本住房压力，完善多元化保障机制

2.2.4.1 面对房价的疯狂上涨，深圳是否面临第二次被抛弃？

改革开放以来，深圳作为经济特区，在政策扶持下经历了快速的城市化过程，使得人口快速集中、经济高速发展，但这也带来了一系列的城市问题，包括人口与土地、经济发展与环境保护之间的矛盾，进而影响了城市的吸引力与竞争力。早在2002年，深圳发展优势由于周边城市的崛起而相对减弱，在珠三角地区的经济比重下降，网上一篇《深圳，你被谁抛弃》的文章引发了关于深圳命运的大讨论受到了政府的高度重视。2005年，深圳市提出深圳发展的4个难以为继：一是土地、空间难以为继；二是能源、水资源难以为继；三是人口不堪重负，难以为继；四是环境承载力严重透支，难以为继。其根本原因在于深圳依靠政策福利的发展动力逐步衰竭而亟须转型。之后，深圳通过自主创新实现了华丽转身，由原本的出口、消费、外资驱动转向创新驱动，成为引领创新的先行示范城市。

今天，深圳又重新面临新的发展问题，首当其冲的就是住房供给与需求的矛盾所带来的高房价。尤其是新冠肺炎疫情期间，深圳房价又经历了新一轮的上涨，宝安区的房价一夜之间上涨了30%，导致其房价在一线城市中远超北京、上海、广州等城市。

深圳的高房价由多种原因导致，但从根本上说是住房供给与需求之间的矛盾。深圳在一线城市中落户最为简单，限购政策与长沙等城市相比也相对宽松，再加上大量投资客的涌入更是导致住房需求非常大。然而紧缺的土地资源尤其是稀少的住宅用地无法满足如此庞大的需求。深圳居住用地占城市建设用地总面积的比例只有11%，仅比香港8%高一点，也低于北京、上海、广州，与国际大都市相比更是低得惊人，其中伦敦、纽约、东京的该项比例都超过了50%。

深圳建设先行示范区最大的短板就是医疗、教育、住房等民生服务，尤其是住房，其价格若得不到合理控制将带来更为广泛的社会矛盾与转型困境。深圳政府目前也已意识到这一点，并借鉴长沙等城市经验加大了住房调控力度，但还远远不够。未来将从税收改革、保障性住房供应等多个角度，从根源上抑制炒房需求，将资金等资源引导到社会经济发展上来。

2.2.4.2　除了面向创新型人才，弱势群体同样值得关注

Castells在《信息化城市》中提出高技术发达的社会容易产生两极分化的职业结构，一方面是高级服务业和高科技部门中的高技术人才构成的精英集团，另一方面是低技术制造业和非正式部门中的下层工人、新体力劳动者和服务型工作者，形成M形的社会结构特征。深圳作为典型的创新城市和移民城市，也面临着贫富差距的问题。大量的低收入人群在房价不断高涨的深圳如何生存，如何有效保障他们在城市中的基本权利，尤其是居住权利，这些都是深圳需要重点考虑和迫切解决的关键问题。

《关于支持深圳建设中国特色社会主义先行示范区的意见》要求深圳建立和完善房地产市场平稳健康发展长效机制，加快完善保障性住房与人才住房制度，明确了未来深圳民生幸福标杆的战略定位，实现住有宜居。保障居民的基本住房需求，尤其是低收入、外来人口等弱势群体的住房需求是深圳建设中国特色社会主义先行示范区的历史使命。

为保障低收入等弱势群体的住房需求，应重点完善公共住房制度体系。公共住房是政府在住房领域承担克服市场失灵责任、重申其社会和公共义务的体现。深圳未来需要加大人才住房与保障性住房建设和供应力度，逐步构建以人才为重点、覆盖全体居民的"分层次、多渠道、广覆盖"的住房保障体系，为全体居民提供基本保障。在现有住房保障制度基础上，扩大住房保障覆盖范围，对户籍困难人群、人才及外来困难人群实施分类保障，完善以公共租赁住房和安居型商品房为主、以货币补贴为重要补充的住房保障方式，创新各层次人才住房保障模式，逐步将符合条件的外来务工人员纳入保障体系。

【本节作者：白晶，中国城市规划设计研究院深圳分院规划设计四所，主任工程师；冯楚芸，中国城市规划设计研究院深圳分院规划设计四所，研究员；黄诗贤，中国城市规划设计研究院深圳分院规划设计三所，研究员；黄雯玫，中国城市规划设计研究院深圳分院规划设计三所，主任工程师；樊明捷，中国城市规划设计研究院粤港澳研究中心，研究员；刘为程，中国城市规划设计研究院深圳分院创新空间规划设计研究所，研究员】

参考文献

[1]　余丽蓉. 城市转型更新背景下的城市文化空间创新策略探究——基于场景理论的视角 [J]. 湖北社会科学, 2019（11）：56-62.

[2]　广东省国土空间总体规划专题16：国土空间高品质利用和地域文化保护利用. 深圳市城市空间规划建筑设计有限公司.

[3]　徐策. 城市更新下工业遗产的文化重塑——以广钢公园设计为例 [J]. 环境与发展, 2017, 29（03）：27-28.

2.3 创新湾区：消费升级与对外开放重塑"双循环"产业链

2.3.1 完善创新体系，建设国际科技创新中心

2.3.1.1 危机反思：湾区创新链条不完善，亟待突破核心技术瓶颈

《湾区纲要》提出加强创新基础能力建设，支持重大科技基础设施、重要科研机构和重大创新平台在大湾区布局；要求加快推进大湾区重大科技基础设施、交叉研究平台和前沿学科建设，着力提升基础研究水平。

国际科技创新中心是国际化的各类科技创新要素的高度集聚。对比国外的科技创新中心，从4个科技创新环节来看，可以发现粤港澳大湾区的创新链条不够完整，在商业模式创新环节有优势，在应用创新环节有一定优势，但是在源头创新（基础科研能力）和工艺创新（制造工艺技术）两个环节存在明显不足。

在源头基础科学研究方面，以美国著名科创中心硅谷地区为代表，硅谷地区拥有众多高校学府，如斯坦福大学（世界排名第4、81位校友获得诺贝尔奖）、加州大学伯克利分校（世界排名第9、72位校友获得诺贝尔奖）等10余所世界一流大学。另外硅谷还有美国劳伦斯伯克利国家实验室（诞生13位诺贝尔奖获得者）、美国洛斯阿拉莫斯国家实验室（诞生7位诺贝尔奖获得者）、美国国家数学科学研究所等一批美国顶级科研机构。高校、研究所、国家实验室等科研机构通过有效合作，实现了基础科学研究的不断突破和创新。相比之下，粤港澳大湾区汇聚了香港大学、香港中文大学等5所世界百强大学，但高校资源主要集中在香港，广东地区的顶尖高校如中山大学（世界排名295）、华南理工大学（世界排名541）与国际顶尖大学尚有很大差距。另外粤港澳地区虽然聚集散裂中子源、超算中心、中微子实验室、国家基因库等重大科技基础设施和40多个国家重点实验室，根据《粤港澳大湾区独角兽白皮书（2018）》，大湾区拥有118家独角兽企业，其中包括2家超级独角兽企业、33家独角兽企业、26家准独角兽企业和57家潜在独角兽企业，但整个大湾区缺乏像劳伦斯伯克利国家实验室、美国洛斯阿拉莫斯国家实验室之类的具有世界性科研突破、获得诺贝尔奖水平的科学机构及实验室。无论是在科研机构的级别上，还是在科学资源的合作方面，粤港澳大湾区的基础科学研究与国际科技创新中心相比都存在明显不足。

在创新应用技术方面，硅谷地区主要偏向于计算机、数据处理、通信等领域的创新，粤港澳大湾区主要在技术密集型制造业进行创新，虽然硅谷地区和粤港澳大湾区申请专利的主导领域不同，但是可以通过比较有效专利授权数来对比两个地区的应用技术水平。2010~2015年，硅谷的发明专利授权量自7724件增至18957件，年均增幅为6.2%，其发明专利授权量占加州的47.2%和全美的13.4%，庞大的有效专利量及稳定的年增长率证实了硅谷在应用技术方面的成熟。粤港澳大湾区

图 2-2 2000~2015 年硅谷发明专利授权情况

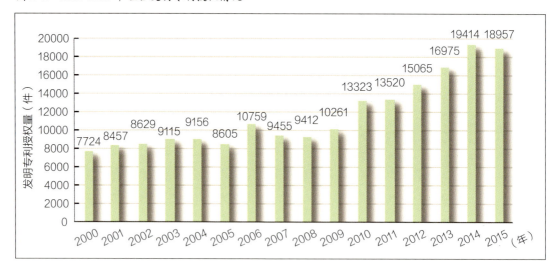

的专利总量远远超过硅谷：2017年，粤港澳大湾区发明专利总量达25.8万件，远超东京湾区、旧金山湾区、纽约湾区，PCT专利总量2.14万件，仅深圳在技术密集型制造业有效专利数就超过2.5万件。由此可见，在创新应用技术方面，粤港澳大湾区不输于其他湾区。

在创新工艺流程方面，具备创新工艺流程的企业主要是指处于行业顶端、专精于一项领域的中小型企业，又被称为"隐形冠军企业"，它们虽然知名度不高，但却专注于某一项领域的工艺技术，从而实现在国内乃至国际上都占有很大的市场份额。因此，通过比较这批"隐形冠军"企业，可以直观反映出工艺创新水平的高低。目前，不仅是粤港澳大湾区，整个中国的隐形冠军企业数量都很有限。德国管理学家赫尔曼·西蒙教授曾经对世界上2734个"隐形冠军企业"进行统计，其中德国1674家、日本908家、法国732家、美国447家，而中国只有6家。可见，我国工艺技术同技术

图 2-3 按国家划分的隐形冠军统计图

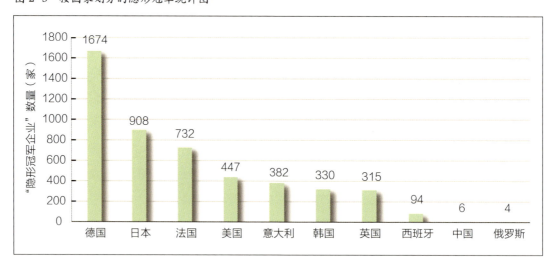

先进国家相比还相对落后，创新科技专利难以转化成创新的工艺流程，创新技术的势能难以发挥，科技成果转化率低。

在创新产品方面，粤港澳大湾区可以说是中国乃至世界创新产品的高地，强大的科技成果生产能力是粤港澳大湾区创新的突出特点，其产业链能快速响应创业者的各种需求，将全球各种技术创新嫁接应用到产品生产链条上，快速转化成创新产品。另外，粤港澳大湾区拥有7000万人口，是世界上人口密度最高的地区之一，一方面庞大的人口数量带来的市场需求推动了创新产品的市场化进程，而另一方面科技产品可以得到市场快速的检验与推广，促进了创新产品的市场化。在粤港澳大湾区诞生的科技创新产品如微信移动支付、大疆无人机等在市场认知度和用户使用率方面都位于世界前列。

综上所述，科技创新链条上创新技术和创新产品两个环节在粤港澳大湾区已经实现，而源头基础研究和应用工艺流程两个环节还有待加强。

2.3.1.2 趋势展望：科学城建设引领大湾区基础创新

粤港澳大湾区想要争取建设国际级科技创新中心，需要打通从基础科研到应用创新、产业培育的通道，构建完整的科技创新产业链条，其中，强化基础科学研究是粤港澳大湾区创新发展的重中之重。

当前全国众多城市兴起科学城建设热潮，以科学城为载体，布局重大科研机构、大科学装置、重大创新平台，增强科研实力和创新能力。科学城作为一种特殊的城市空间，集聚重大科研基础设施、高端基础创新要素，同时兼具高新技术产业发展和多元复合的城市服务功能，对促进科-产-城深度融合，集聚高端创新要素，促进城市创新驱动发展具有重大意义。

国内主要科学城功能简介 表2-1

名称	功能定位	基础支撑平台	面积（平方公里）
北京中关村科学城	具有全球影响力的科技创新策源地	清华、北大等重点高等院校，国家重点实验室、国家工程中心及高新技术企业	75
北京未来科学城	首都能源科技创新基地	神华"北京低碳清洁能源研究所"、国家电网"全球能源互联网研究院"等	10
北京怀柔科学城	综合性国家科学中心、世界级原始创新承载区	中国科学院大学及中国科学院十多个研究所	41.2
上海张江科学城	有全球影响力科技创新中心核心承载区、综合性国家科学中心	上海光源中心、上海超算中心、中国商飞研究院、药谷公共服务平台、上海科技大学、中科院高等研究院、中医药大学、复旦张江校区等近20家高校和科研院所	94
合肥滨湖科学城	中国特色、世界一流的综合性国家科学中心及产业创新中心，成为代表国家水平、体现国家意志、承载国家使命的国家创新平台	中科大先进技术研究院、中科院合肥创新院、量子信息科学国家实验室、中科大高新园区、合肥先进光源	491

粤港澳大湾区在基础科研方面应发挥广深港澳在湾区核心引擎作用，依托珠三角的应用创新优势和港澳基础科研与科教优势，深化粤港澳创新合作，积极吸引和对接全球创新资源，构建开放型科技创新区域协同机制，促进国际顶尖的科研机构、高校、企业、创客等各类创新主体协作融通，共同推进重大科技基础设施建设、共同分享科研资源和科研成果、围绕重大科技基础设施强化务实合作。一方面，通过在珠三角广深地区建设香港顶尖大学的分校，强化香港教育资源与珠三角科研机构的深化合作；另一方面，通过建设科学城、科技合作区等方式，增强湾区基础科研能力，并通过在科学城与深港科技创新合作区间建立联合研究平台及产学研合作基地的方式促进粤港澳大湾区的科研能力提升。

2.3.1.3 应对策略："软硬兼施"推进科学城建设，充分重视创新要素的集聚和创新环境的营造

国际上科学城的发展大致经历了从研究园到科技园再到科学城的三大发展阶段。研究园主要以前沿基础科学研究和高等教育机构布局为主；科技园阶段形成了以科学研究、科学实验和高技术产业相结合为特征的新型城市地区；20世纪80年代开始，形成了"产城研教"融合发展的科学城空间形态，更加注重城市属性，以聚集效应提高科技研究开发能力，以辐射效应发展高技术产业，以带动效应促进地区经济社会发展。

对于科学城的发展，科学装置是硬核心，科学人才是软核心。重大科学突破有赖于大科学装置，它已成为衡量一个国家科技实力和综合国力的重要标志。大科学装置之间不是简单的"拼盘"，需要通过具有催化作用的融合，发挥大科学装置的集群和辐射作用。对于科学城而言，大科学装置集群只是基础，更重要的还是科学人才的集聚，即需要有全球优质、顶尖的科学团队，并为其提供

图2-4 国际典型科学城发展历程

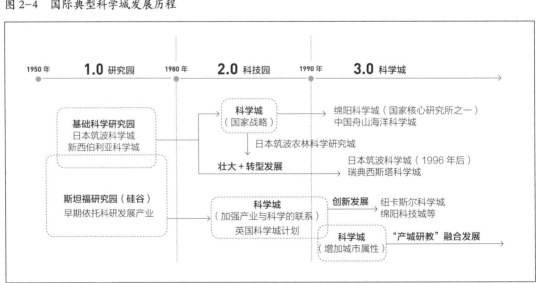

图 2-5 科学城空间功能构成的演变

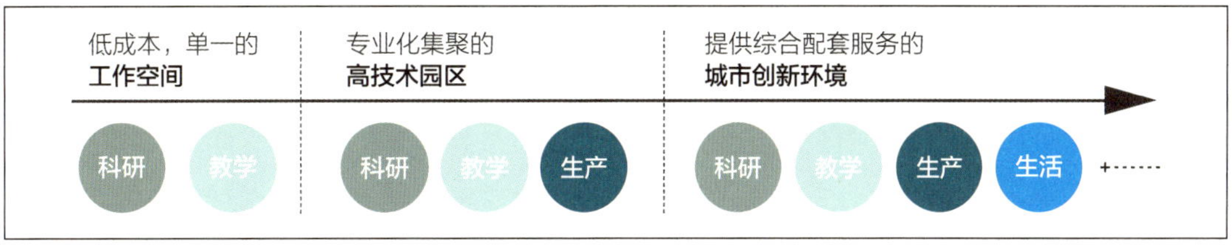

科学研究、科研交流、工作生活的科技氛围、交往空间、服务配套等。

科学城选址布局要求严格，建设环境相对独立，同时又集聚了一批高智力、高影响力、高工作强度的科研人群。因此，科学城功能日益复合化，其建设需要充分重视创新要素的集聚和创新环境的营造。一方面，粤港澳大湾区层面应加强区域统筹和顶层设计，注重大型基础设施布局的关联性，形成多学科、协同共享的大型科学设施群，同时，加强各类技术创新、交叉研究平台、技术转移机构的建设，充分对接企业与市场需求，推动创新链后延。另一方面，针对人群的特殊性，提供更加便捷完备的基本公共服务、更多开放共享的交流空间，实现职住平衡和高品质生活服务供给，建成宜学、宜研、宜居、宜业的综合型城市创新组团。

2.3.2 扩大面向国内的市场需求，以消费结构升级带动产业升级

2.3.2.1 危机反思：以外向型发展模式为特色的大湾区，强化内需拓展

新冠肺炎疫情带来了全球经济市场的巨大波动，对产业链与供应链带来重大冲击。2020年第一季度国内各大经济体都不同程度受到疫情影响而呈现负增长，但有些城市产业却表现出很强的韧性。对比长三角和珠三角可以看到，长三角一些城市表现高于预期，如南京、杭州等地GDP增速好于全省平均水平。杭州第一季度GDP同比虽然下降4.8%，但仍高于全省平均水平0.8个百分点。主要原因在于杭州数字经济迎合了消费升级需求与贸易方式转变，一季度逆势发力，数字经济核心产业增加值818亿元，增长6.1%，占GDP的24.2%，软件与信息服务、数字内容等相关产业分别增长10.1%和8.0%。相比而言，珠三角各城市经济普遍陷入较大幅度的负增长，深圳增长率为-6.6%、广州为-6.8%，这与其外向型经济为主的产业结构特征关系较大。全球疫情以及所激化的中美冲突，需要粤港澳大湾区思考未来新的产业模式：面对外部形势变化，如何适应内需的变化推动消费升级，实现产业顺利转型？

长期以来，珠三角产品主要是面向国际市场，内需市场开拓不如长三角地区。从地理区位来看，长三角与中西部和北方距离更近，在拓展内需方面优势可以得到更大发挥。粤港澳大湾区经济腹地较小，近域腹地粤东西北属于欠发达地区，消费升级潜力有限。而长三角一体化态势明显，通过积极的扩容提速，目前已将安徽纳入长三角经济圈，且经济发展相对均衡，城镇居民收入远高于

全国水平，内需基础比较好。从消费水平来看，根据《基于京东大数据的中国消费市场研究报告》，以人均月消费水平衡量，长三角消费水平最高，约是全国12个都市圈均值的1.2倍，珠三角为1.01倍。另外，从创新经济发展趋势上看，粤港澳大湾区更擅长于硬件创新，而长三角在应对消费升级下，商业模式创新走在前列。从独角兽企业特征来看，长三角消费类、平台型独角兽较多，而大湾区独角兽集中于硬件技术驱动创新，消费端创新相对较少。总体而言，大湾区外向型经济占比高、内需市场腹地相对较小，且消费水平落后于长三角地区。

2018年珠三角与长三角社会零售品消费额比较　　　　　　　　　　　　　　　表2-2

地区	珠三角	江苏	浙江	上海
社会零售品消费总额（亿元）	27318.18	33230.35	25007.90	12668.69
GDP（亿元）	75710.14	92595.40	56197.15	32679.87
社会零售品消费总额/GDP	36.08%	35.89%	44.50%	38.77%

国内主要城市群独角兽分布以及特征　　　　　　　　　　　　　　　　　　　表2-3

地区	粤港澳大湾区	长三角	京津冀
企业数量	20个	57个	74个
企业平均估值	广州21亿元、深圳35亿元	上海39亿元、南京18亿元、杭州122亿元	北京40亿元
布局特征	集中在深圳（14）	集中在上海（34）、杭州（16）	全部在北京
产业特色	专注于高新技术产业，硬件行业突出（估值占比近50%），如金融会计、智慧物流和智慧软件	阿里系企业较多且估值高，其他依靠消费升级带动	行业分布全面，其中文娱媒体、汽车交通数量和估值突出

2.3.2.2　趋势展望：内需驱动带来结构升级，产业分化加速

新冠肺炎疫情对产业发展的供给和需求产生双重冲击，形成巨大的结构性压力，但从另外一个角度来说，也对我国基于内需的产业结构调整形成巨大推动力。我国拥有超大规模的市场优势和内需潜力，例如，2019年内需对经济增长贡献率为89.0%，其中，最终消费支出贡献率为57.8%。2019年我国GDP规模接近100万亿元，消费率预计为54%～55%，消费规模约为54万亿～55万亿元。到2025年，如果消费率进一步提升到60%左右，至少还有25万亿～30万亿元的消费增长空间[1]。另外，疫情正在加速产业分化，催生新的消费需求。虽然疫情让传统交往方式受到限制，却激发了网络、大数据等信息通信产业的快速发展，使网络媒体、电子商务、网络教育、网络娱乐、网络销售等业务迅速壮大。IT技术更广泛应用于医疗诊断、生物制药、诊断试剂、医疗保健等方面，带动医疗系统的信息化改造，医疗机器人规模化应用将成为趋势。互联网教育迎来发展契机，知识

1　迟福林：《经济"博疫"论：产业发展如何应对疫情冲击》。

付费平台加快资源整合，推出更加贴合消费趋势的产品设计和运营模式。远程办公带动管理结构的变化，在科学的管理体系下实现多点协同的办公系统成为未来发展趋势。疫情管控使零售业态向社区便利和新连锁经营模式发展，无人零售、无人餐饮等新零售将得到更大推广。

2.3.2.3 应对策略：多渠道拓展内需市场，促进消费结构升级

1. 合理控制要素成本，释放内需潜力

粤港澳大湾区是我国人口增长的主引擎，深圳、广州、佛山等城市是最主要的新增人口导入区，高密度的人口集聚与发达的社会经济使得大湾区具备良好条件与潜力培育内需市场、引导消费升级、促进内部产业升级。然而作为全国房价最高的区域之一，高房价收入比正在挤压消费市场的发展潜力，使得消费活力难以充分释放。未来应加快探索房地产市场改革，完善多种渠道住房供给保障，真正降低房地产对消费的挤出效应，促进消费结构优化。研究制定与生活成本和实际感受相

图 2-6　2018 年主要城市人口增长情况

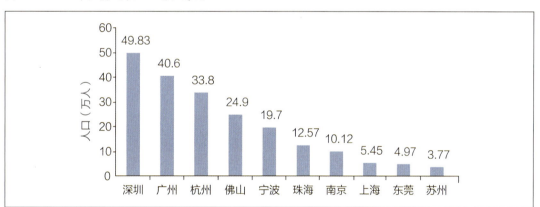

图 2-7　国际主要城市房价收入比
资料来源：Numbeo4、如是金融研究院

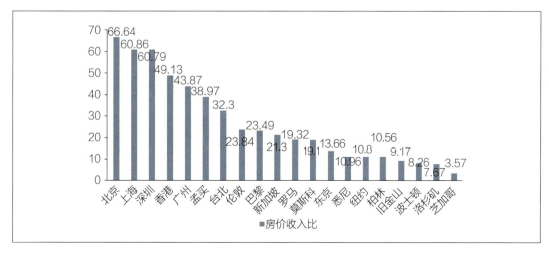

匹配的地区差异化个税制度，减轻大城市居民个税负担，培育中等收入群体，释放消费潜力。探索消费券发放的常态化，涵盖零售、商超、家电服饰卖场、餐饮等场景，鼓励汽车和大宗耐用消费品消费，并且可与新消费领域产品相结合发放消费券，促进消费升级。

2. 引导外贸企业开拓内需市场

充分发挥我国超大规模市场优势，积极扩大国内需求。利用电商、IT龙头企业的平台资源，让国内消费者更多地了解外贸企业及其产品，促进外贸企业转换经营模式。政府层面出台措施降低外贸企业转型发展门槛与成本，例如对出口转内销、符合国内市场消费需求的产品予以补贴，鼓励制造企业从单纯的制造商向综合生产服务商转变，深耕国内市场，稳定市场份额。

3. 以消费结构升级引导产业结构升级

粤港澳大湾区应巩固壮大人口、生产、经济规模优势，形成强大区域共同市场，发挥规模效应对配套要求高、产品更新周期短、应用创新特征明显的产业的独特培育促进作用，注重消费升级带来的消费情感、消费心理的需求变化，支持个性化设计、私人定制、消费体验、文化空间、消费社区发展，以消费结构升级引导产业结构升级和技术进步，推进先进制造业与现代服务业深度融合[1]。

其中，港澳应发挥自贸港优势，进一步对接内陆市场需求，创新渠道供应模式，促进国际消费品流通，发展新贸易方式和业态；深圳发挥设计之都与硬件创新之都优势，应对消费个性化、场景多样化以及健康化趋势，推动生命健康、网络文娱、无人机应用、AR/VR等产业发展，打造线上线下结合的多应用场景；广州应彰显老商贸中心新活力特点，发挥商业文化、消费文化底蕴深厚的优势，促进创意、时装、服饰、美妆、美食、戏剧、古典与流行音乐、茶楼文化、酒吧文化、健康养生、休闲旅游、社交沙龙、流行数码产品等业态的繁荣；珠江西岸应发挥装备制造优势，推进智能医疗设备、3D打印、个性化设计产业发展。

4. 应对消费模式转变，加快数字商业基础设施建设

重点扶持和打造包括5G、云计算、智慧物流、跨境支付等数字化基础设施，强化其与产业的交互共振[2]，推动粤港澳大湾区的进出口加工贸易，营造更加便利的消费环境，促进线上线下消费融合发展，满足百姓日益增长的消费升级需求。

2.3.3 坚持对外开放，融入"一带一路"发展，缓解外向型经济压力

2.3.3.1 危机反思：珠三角外向型经济受双向挤压，亟待借势突围

珠三角长期以来作为我国外向型经济发展的主要空间，奠定了"世界工厂"地位和独一无二的产业链网络。珠三角出口额和吸引外商投资均占到全国的1/5以上。高效、多元的强大制造业生态系统，正在转化为供应链优势，成为大湾区产业发展的重要竞争力。

---

1 王继源、贾若祥、张燕，《从"三个40%以上"看"十四五"我国持续释放内需潜力，推动区域协调发展的方向》。
2 《2020粤港澳数字大湾区融合创新发展报告》。

但新冠肺炎疫情可能造成外部需求萎缩，给外向型经济主导的珠三角生产网络带来重大冲击。受疫情影响，一些国家和企业出现供应链断裂的风险，德国尝试通过加强供应链本地配套以及增加中间产品采购源等方式降低风险，美国等发达国家加快制造业高端环节回流。劳动密集型产业继续向东南亚、南亚等低成本国家转移。如三星、LG等日韩电子制造业将东南亚视为中国的替代市场，纷纷设厂布局。而华为、中兴、美的、TCL等一批大湾区制造业企业也将东南亚作为全球重点市场，通过参与基建、投资办厂、建设营销网点等形式占领东南亚市场，积极向东盟投资布局。

珠三角供应链网络的升级完善受到发达国家和东南亚发展中国家双重竞争。随着"一带一路"建设进程加快，大湾区与东盟的合作逐渐深入，珠三角对外开放面临的竞争既是挑战，也是机遇。以"一带一路"为重点，加强对外合作，积极开拓沿线国家市场，转变经济发展动能，更高水平上扩大开放，才是未来珠三角变压力为动力的关键。

2.3.3.2 趋势展望：双循环格局推动大湾区在更高水平扩大开放

为应对国际形势剧变，中央提出构建国内大循环为主体、国内国际双循环相互促进的新发展格局。以国内大循环为主体，即立足于扩大内需，维护国内的产业链安全与供应链安全；国内国际双循环相促进，则需要通过积极推动新型全球化，推进"一带一路"建设，形成国内循环、国际循环相互促进的全球大循环。

因此，面对外部环境挑战，粤港澳大湾区内部产业链价值链的优化与完善将进一步加快，推动产业结构向附加值更高的环节攀升，发展高附加值的产品与服务行业成为应对现状与未来发展的重要抓手；另一方面应坚持对外开放，加大与"一带一路"沿线国家合作力度，关注价值观转型与合作型国际关系创建，建立对外开放新格局，从而更好地保障产业链、供应链、价值链安全。

2.3.3.3 应对策略：面向"一带一路"，强化技术服务输出，重塑产业链体系

1. 从制造外迁走向技术、服务输出

粤港澳大湾区提出打造国际科技创新中心以及"一带一路"建设重要支撑的目标定位，正在从"世界工厂"走向全球供应链组织中枢。后疫情时代，粤港澳大湾区应继续落实"一带一路"建设等国际开放与合作，继续鼓励珠三角企业"走出去"。2020年广东省政府工作报告提出大力推进外贸提质增效，支持企业参与"一带一路"沿线国家基础设施建设和能源资源开发，扎实办好境外合作园区，支持中欧班列开展多式联运和回程业务。新发展环境下，粤港澳大湾区向东南亚的产业转移不止于低端产能的向外迁移，还包括龙头企业技术和服务的输出、基础设施的共建共联，将生产基地、研发机构、技术服务等向东南亚等国家延伸布局，在国际层面寻求供应链最优布局。

2. 以大湾区为核心，构建面向"一带一路"的产业链分工体系

企业出于降低综合成本、开拓海外市场等因素考虑，在东南亚开展有序合理布局，符合"走出去"发展要求，也契合国家加强国际产能合作的内在需要。但通过国际产能合作和产业梯度转移引

导区域走向高质量发展,需要从顶层设计和战略上提前统筹谋划。在产能外迁的同时推动粤港澳大湾区产业空间升级置换,依托新基建、新技术的植入,聚焦人才培养、技术创新和制度体系完善,提高跨区域资源配置能力,提升粤港澳大湾区各产业平台的供应链中枢组织能力和控制力;明确与东南亚国家的纵向分工与横向合作,将产业链附加值高、处于核心地位的关键环节留在大湾区,实现价值链向中高端攀升,同时与"一带一路"沿线国家共同形成互利共赢的全球价值链分工体系,构建面向"一带一路"沿线国家的区域生产网络。

2.3.4 强化供应链优势,信息化和智能化并进,全面优化生产体系

2.3.4.1 危机反思:传统制造业"机器换人"遇瓶颈,寻求智慧化转型新路径

受要素成本抬升、空间资源紧约束等因素影响,珠三角2014年就开始推行"机器换人",通过自动化设备的购入,取代一般劳动力以提高生产效率,降低生产成本,推动产业的数字化智能化升级。但根据中山大学城市化研究院的调研估计[1],珠三角的劳动力替代率约为10%,金属制品业、塑料制品业和工艺品及其他制造业成为劳动力替代率最高的行业,也仅约为20%,而纺织服装、鞋、帽制造业,仅能实现初级的自动化。总体而言,企业自主推动"机器换人"面临着自动化技术不高、关键部件需要进口、机器换人成本高等问题。新基建的提出,从政府层面自上而下推动数字化、网络化和智能化设施、技术的部署和应用,为企业数字化智能化转型提供了新的机遇和支撑。

图 2-8 不同行业劳动替代率
资料来源:中山大学城市化研究院

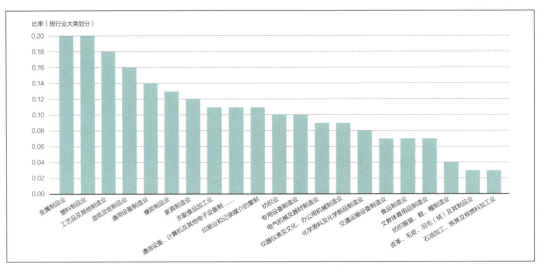

---

1 中山大学城市化研究院.《机器代人,珠三角替代率 10%》。

2.3.4.2 趋势展望：新基建将有力撬动技术变革与产业转型

波士顿咨询、阿里研究院、百度发展研究中心联合发布的《解读中国互联网新篇章：迈向产业融合》提出中国进入消费升级拉动供给端结构升级，以更智能化的产业融合到更智慧的城市升级的独特路径。消费互联网的前端应用及商业模式的创新正沿着价值链牵引后端生产等环节进行数字化协同。同时前端积累的海量消费数据将使互联网更好地赋能传统垂直产业，推动产业互联网的发展。相较于消费互联网，我国产业互联网起步较晚，还处在加速追赶的发展阶段。新基建的提出和推动将助推数字经济产业化和传统产业数字化，形成具有颠覆意义的产业互联网，推动和引领第四次工业革命。

图 2-9　消费互联网与产业互联网相互关系
资料来源：《解读中国互联网新篇章：迈向产业融合》

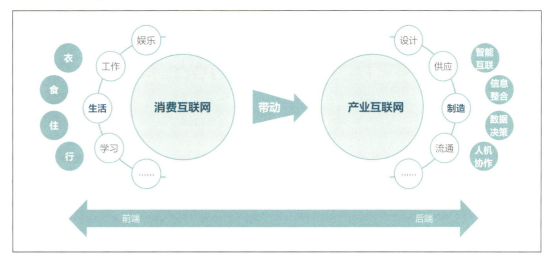

"新型基础设施"是以新发展理念为引领，以技术创新为驱动，以信息网络为基础，面向高质量发展需要，提供数字转型、智能升级、融合创新等服务的基础设施体系，包括5G基站建设、特高压、城际高速铁路和城市轨道交通、新能源汽车充电桩、大数据中心、人工智能、工业互联网七大领域，涉及诸多产业链。新基建加速新一代信息技术与制造业的深度融合，一方面催生新经济新业态，推动数字产业化，激发新消费需求；另一方面促进制造业的智能化升级改造，推动产业数字化，并撬动广泛的上下游产业链环节，激活创新生态，带动新技术涌现，具有强大的"乘数效应"。根据工业和信息化部测算，预计2020~2025年，我国5G商用将直接带动经济总产出10.6万亿元，直接创造经济增加值3.3万亿元。新基建将直接带动产业结构优化升级，提高社会资源配置的效率，推动经济产业高质量发展，给地区和企业带来巨大的发展机遇。

新基建让生产要素的横向组织呈现分布式和扁平化趋势，产业链、创新链的连接进一步打破物理空间约束，更加强调要素在供应链网络中的区位，进而可能带来城市空间和层级体系的重构。同时，新基建大大促进了纵向上跨行业跨区域的要素流动，5G、物联网等技术的赋能，让工业环境下设备互联和远程交互应用需求能够满足，以信息网络设施为支撑，实现数据流端到端自组织柔性制造，推动实现定制化、个性化生产目标。

2.3.4.3 应对策略：依托新基建，推动跨界地区科技创新，促进湾区融合发展

新基建带来的技术变革，驱动着城市服务供给、空间供给方式的转变。信息流动更加便捷，市场需求与生产端无缝衔接，去中心化趋势渐强，各类定制化、分布化的资源和产品不断涌现。

图2-10 技术驱动下的城市空间重构
资料来源：《WeSpace·未来城市空间》

粤港澳大湾区正在进入协同发展的加速时期，要素流动需求增加、跨界交流活跃、数字经济发展全面铺开。新基建的布局为粤港澳大湾区的融合发展搭建了更多层次、更高效率的平台桥梁。未来应进一步加快5G网络、数据中心等新型基础设施建设和覆盖，构建现代化基础设施服务与支撑网络，依托广州、深圳等核心城市在信息技术、人工智能等领域强大的技术攻关能力和市场需求，激发数字经济新场景、新消费、新产业，在部分增量空间考虑布局创新试验、未来城市实践等场所。

粤港澳大湾区应加快数据智能基础设施建设，依托物联网、云计算等技术链接，加快珠江西岸传统制造产业转型，推动新一代信息技术与本地制造集群的跨界融合，构建智能化生产制造与现代服务体系，打造东西两岸融合发展的数字产业集群。通过搭建产业间信息交互和技术协作平台，促进上下游产业跨领域融合与网络化协同，结合工业互联网等技术推进产业数字化，探索供应链管理模式创新和输出，从而推动整体价值链向中高端延伸。建立和完善大数据基础设施，重点聚焦金融、医疗、交通、社区、校园等城市服务领域，建设区块链贸易融资信息服务等金融科技平台，提升跨境金融服务水平，推动智慧湾区建设。

2.3.5 融解消化制度壁垒，推动区域内科技创新要素自由流动

2.3.5.1 危机反思：科技合作试验区面临制度性挑战，亟待消解壁垒

《湾区纲要》提出粤港澳大湾区未来将建设国际科技创新中心的目标，并推进"广州—深圳—香港—澳门"科技创新走廊建设，探索有利于人才、资本、信息、技术等创新要素跨境流动和区域融通的政策举措。

根据深圳市政协课题组调研成果[1]，目前深港科技合作重点平台河套尚未形成高效的合作模式，仍然存在四大核心挑战，包括多方主体缺乏建设协调机制、要素跨境流动壁垒、产业发展路径不明确以及深港两侧工程进展缓慢。

对于以上四个挑战，要素跨境流动壁垒无疑是核心的挑战。建设协调机制、产业路径、建设工程推进均可在两地协商机制下加快落实，但要素跨境流动涉及"一国两制"下的两个关税区、两种货币、两套法律体系，具体包括科研资金使用、执业资格互认、知识产权保护法律等方面的政策与机制对接。目前，要素自由流动仍存在诸多障碍，包括赴港进行科研或者商务活动的人员，往返手续还不是十分方便；科研资金不能在深港两地跨境转移使用，对利用两地各自优势进行科研、实验等，尤其是联合研究项目造成直接障碍；科研用的仪器设备和实验材料在海关出入境时，会受到较严格的通关检查，给科研合作增加了时间、费用、人力成本。诸多障碍需要政策突破创新，而政策创新需要国家及中央层面的支持，也需要地方的进一步配合才能落地实施。任何一项政策要素的缺失和低效，都有可能拖慢科创发展进程。比如目前中央层面的科研资助已允许入境香港，但广东和深圳市的科研资助尚未向香港放开。

2.3.5.2 应对策略：建设科技要素跨境流动特区是河套的关键之举

从大湾区目前粤港澳合作平台来看，无一不是政策性创新平台，例如前海、横琴拥有港澳人士的个人所得税优惠、通关政策便利化等。政策核心导向均为消解两地制度差异，推动市场导向下要素自由流动。

大湾区三大合作平台相关政策梳理　　　　　　　　　　　　　　　　　　　　　　　　　表2-4

政策类型	横琴	前海	南沙
通关政策	分线管理	—	粤港澳口岸通关合作示范区，探索分线管理，探索粤港澳游艇通关新模式
财税政策	生产资料免税；港澳人员个人所得税补贴	境外人员个人所得税补贴；物流企业差额补贴	—
金融政策	人民币离岸在岸结算岛	跨境人民币业务创新实验区	开展金融业综合经营、外汇管理等金融改革创新试点

1 深圳市政协课题组《河套建设调研报告》。

续表

政策类型	横琴	前海	南沙
产业政策	制定产业准入目录和优惠目录；支持中医药发展	制定产业准入目录和优惠目录；鼓励物流企业发展，加强电信业合作	离岸服务等
社会公共政策		深港法律事务合作、教育医疗合作	国家社会管理创新综合试点，开展国际教育、医疗合作
土地政策	土地年度计划指标单列	土地管理制度改革试点（对产业用地的供地方式、供地年限和地价实行差别化管理、开展土地金融政策创新试点）	土地管理改革综合试点

对于河套深港科技特别合作区而言，争取获得中央部委综合授权，推动河套地区"一揽子"优惠政策试点是必然之举。深圳提到希望中央支持河套建设国际开放创新的先导区，探索实施特殊的科技创新管理制度和国际合作机制，促进人员、资金、技术和信息等创新要素跨境便捷流动，并将实施更严格的知识产权保护，加强广、深、港、澳高等教育开放合作。

未来河套可重点围绕创新所需的一系列制度需求，对接香港及国际通行惯例，在人员出入境、科研物资流动、职业资格准入、金融科技监管等方面，试行一批新制度、新规则。解决仪器设备和实验材料的通关检验、科研及商务人员的往来常驻、税制差异、资金的跨境流动使用等问题。

第一，推动商务人员和科研人员的跨境便利往来。目前，内地居民赴港旅游手续已大大简化，但对于赴港进行科研或者商务活动的人员来说，手续还不是十分方便。建议对有明确的深港合作科研、商务、管理等业务的项目工作人员，在事前确认、机构出具证明等条件下，可以办理多次往返香港的通行证。对于非深圳本地户籍人士和非港澳居民的外籍在港工作人士，在参与深港合作科研项目时，可以以个人或所在机构的名义办理特殊通行证，以方便两地科研、商务人员往来，促进深港创新圈建设。

第二，推动科研资金的跨境便利化使用。建议可以允许深港地区的科研资金，尤其是联合科研项目资助资金在深港两地间转移使用，给予更加宽松便利的政策，可设立专项资金使用账户，放松跨境使用限制，强调项目负责人的责任，加强事后审计。

第三，推动仪器设备、材料的跨境便利化通关。建议针对属于深港合作科研项目的仪器设备、实验材料跨境运输，给予特殊的通关待遇，如给予保税货物待遇，同时做好通关记录和跟踪检查，在确保出入境安全的前提下，促进科研合作便利化。对于边境海关由此额外增加的工作量，深圳市政府（或者深港两地政府）可以在物质保障方面给予海关一定的支持。

【本节作者：李福映，中国城市规划设计研究院深圳分院规划设计四所，主任工程师；郑清菁，原中国城市规划设计研究院深圳分院规划设计四所，研究员；孙婷，中国城市规划设计研究院深圳分院创新空间规划设计研究所，主任工程师】

2.4 互联湾区：构建高效、绿色、智慧的"流"服务系统

2.4.1 "重交往"：支撑科创交往的交通资源配置备受关注

《湾区纲要》赋予了粤港澳大湾区加快布局一批世界级重大科技基础设施和重点实验室集群，打造粤港澳大湾区原始创新高地和国际一流科学城集群的发展模式，使未来大湾区科学城集群对交通设施和出行服务的需求备受各级政府和各界的关注。

从世界上主要的科学城或科技城经验而言，首先特别注重与机场、火车站等重要节点的高效快速衔接，快捷、高效地融入城市对外交通网络，以方便地获取区域要素资源和国际交往能力。其次，构建多元的交通方式与市中心和其他科创区域连接，形成既与城市融合，又加强科技园、科学城之间创新交往的交通服务系统。最后，园区内部营造绿色、低碳的慢行环境是此类科学城、科技园的共性。

国内外知名科学城、科技园交通服务模式　　　表2-5

名称	对外开放交通
美国硅谷	临近旧金山航空港，距机场约50公里，101高速公路、环湾城际直接联系空港
纽约硅巷	临近拉瓜迪亚机场，距肯尼迪机场约22公里
柏林Adleshof科技园	周边有Tegel（直线距离约30公里，车程52分钟）和直线距离约6公里、车程10分钟的两个国际/国内机场。 私家车经高速15分钟达到市中心，4条近郊火车线路经过园区（约30分钟车程可达到柏林市中心波兹坦广场）
法国索菲亚科技园	与机场、高速公路快速衔接：距离法国最繁忙的NICE海滨机场20公里，方便的高速公路使索菲亚安蒂波里斯处于通往欧洲大陆的大门，连接西班牙和意大利
台湾新竹科技园	打造新竹生活圈的中心都市、科学技术城之自足性地域中心，形成以高铁、捷运系统、联外道路系统为主的区域交通体系
北京中关村	园区引入城际铁路站点，直接联系北京大兴国际机场 拥有连接各重要经济区域和交通枢纽的畅通道路及多种交通方式
上海张江科学城	地铁2号线从虹桥机场途经张江到浦东国际机场。距外高桥港区25公里、距上海集装箱码头30公里，距上海火车站17公里。空港、地铁、城市快速干道形成一张立体交通网 规划与重点科研院所、城市中心形成45分钟快速便捷轨交联系
成都高新区	便捷的航空、铁路、公路物流体系：距成都双流国际机场16公里，距成都火车南站大型货运编组站5公里

粤港澳大湾区未来将形成以"广深港澳科技创新走廊"为骨架、以周边创新节点为补充的网络化创新空间，包括深圳落马洲河套地区和光明科学城、东莞滨海湾新区和中子科学城、广州南沙科

图 2-11 粤港澳大湾区重要平台分布
资料来源：中国城市规划设计研究院"深港科技创新特别合作区深圳区域综合规划"项目

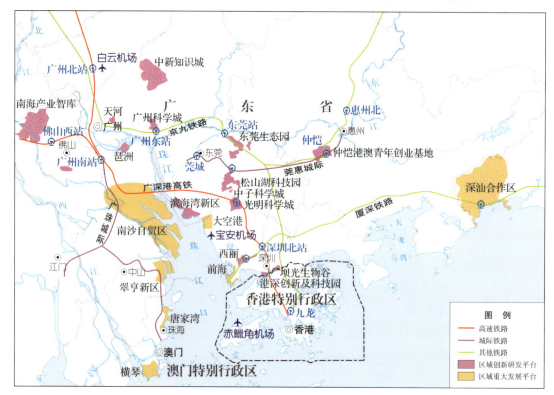

学城和大学城等多园格局的科技创新集群。传统高铁、城际轨道等设施布局，在空间上与科技创新走廊还不匹配，未来在粤港澳大湾区交通格局整体发展基础上，如何完善科技创新平台与空港、重大枢纽节点、珠江东西两岸科创平台的联系，构建利于大湾区科技创新集群整合，形成协同分工的科技科研体系，促进科创要素的流通是未来交通基础设施规划建设亟须重点解决的问题。

2.4.2 "筑对流"：提高区域交通可达性，推动多中心网络化发展

2.4.2.1 加大城际铁路建设，以"枢纽+网络"促进区域均衡发展

粤港澳大湾区城际铁路目前拥有7条高速铁路，湾区内运营里程907公里，已开通城际轨道3条，基本构成了"一横二纵"网络，运营里程327公里。在建高速铁路2条，里程330公里，城际铁路7条，里程368公里，至2022年可基本实现以广州为中心、主要城市间1小时互通的目标。

根据《粤港澳大湾区城际铁路规划建设》，近期将加快穗莞深城际南延、广清城际北延及南延线、广佛环线西环、广佛江珠城际、中莞龙城际、深惠城际及广湛高铁、广汕高铁、深汕高铁、赣深客专等高铁建设，至2035年城际铁路里程达4547公里，人均里程与东京湾区、纽约湾区相当，形成以广州、深圳为核心，次级中心城市重大发展平台、主要发展节点为枢纽的城际铁路网，强化

城际轨道服务的均衡性，实现中心城市间0.5小时通达，主次中心城市间主要节点1小时通达。

四大国际湾区城际铁路线网密度及人均里程对比　　　　　　　　　　　　　　　　　　　　　　　　表 2-6

湾区	城际铁路（公里）	面积（万平方公里）	人口（万人）	线网密度（公里/百平方公里）	人均里程（公里/万人）
旧金山湾区	344	1.79	765	2.9	0.67
纽约湾区	1915	2.15	2369	10.7	0.97
东京湾区	3536	3.70	4383	10.4	0.88
粤港澳大湾区发展现状	2024	5.60	7122	5.50	0.44
粤港澳大湾区发展目标	4547	5.60	9000	14.6	0.92

数据来源：《粤港澳大湾区城际铁路建设规划》项目材料（2019年）

依托网络化的城际铁路（城际轨道、高速铁路），大湾区内高等级枢纽呈现广深传统中心城区（15~20公里）枢纽的提质发展，如广州东站、广州站作为组合枢纽引入高铁线路、深圳西丽站新建、深圳罗湖枢纽改建等；外围地区（15~30公里）枢纽扩容，如广州北站、佛山高明站、深圳机场站、光明城站、坪山站等；珠江中、东莞和佛肇等传统中心城市边缘地区（30~50公里）枢纽布局的进一步完善，如东莞西站、塘厦站、佛山高明站、珠三角枢纽机场站、珠海鹤洲站等。随着枢纽体系的完善，大湾区内走廊发展格局向"枢纽-网络"格局重构逐渐迈入实质性阶段。未来，粤港澳大湾区可以进一步借鉴东京都发展经验，强调"枢纽+网络"建设与人口分布、职住平衡和绿色出行的相互协调与对接，并通过都市核心区外围次级中心间对流的强化促进区域交通网络服务的相对均衡。

图 2-12　深圳枢纽规划建设格局示意图
图片来源：中国城市规划设计研究院内部交流材料

2.4.2.2 完善跨界交通设施，打破行政边界对要素流的隔离作用

随着粤港澳大湾区各城市产业协同分工和边界地区空间融合的深化，跨界交往需求呈现持续增长和广域化态势。根据手机信令分析，广佛日平均跨市通勤人数约为51.2万人、深莞惠三市约为62.2万人，加之珠海、中山以及广州、东莞之间的22.3万人、18.3万人，跨市出行中通勤占比超过25%，形成了以广佛都市圈、深莞惠都市圈为主体，网络化、组团式的跨界同城化的出行需求态势。

为支持广州、深圳等都市圈发展，广州在城际铁路、城市轨道基础上，加快市域快轨建设，规划6条市域高速轨道，共644公里，定位介乎城市地铁和城际轨道之间，构建普通城市轨道、市域高速轨道地铁+湾区铁路（含城际）+国铁的多网融合的广州都市圈轨道服务模式，并成立广州铁路投资建设集团有限公司，加快推动国铁、城际轨道、综合交通枢纽的建设。深圳在传统深莞惠城市轨道衔接基础上，加快珠江东岸城际轨道交通建设，并希望以深圳铁路投资建设集团成立为契机探讨都市圈内跨市轨道建设、轨道运营、轨道物业开发、资产经营的协同机制。

2.4.2.3 推动物流供应链一体化，促进市场一体化发展

探索建立大湾区货物通关、产品规格、检验检疫、安全检查互认等机制，探索实施特色区域、道路海关电子监管的可能，理顺不同关税的物流障碍，减少、消除不必要的行政手续以达到3个不同关税区物流运输和贸易的无缝对接，充分发挥港口群、机场群的规模优势，提升物流效率和降低成本，强化服务国家构建面向国际和国内"双循环"战略的能力。

充分发挥粤港澳大湾区金融、物流和科技产业发达的优势，综合利用各种5G、物联网、无人驾驶等创新技术、手段和政策，大力发展"智慧物流+产业""供应链+互联网""供应链+金融"等服务模式，强化对新兴产业、新型业态发展和传统产业升级转型的推动作用，加快建设面向中西部、东南亚的电子产品、原配件等高附加值产品、配件的分拨、采购和供应链管理中枢，大力发展冷链物流、电商物流以及快速消费品物流，巩固和强化广州市商贸、深圳市高新产业的优势。

强化航空、航运、铁路、公路设施的互联互通，大力发展多式联运，推动区域性综合物流设施的布局优化和共建、共享，探索建立区域统一的公共物流信息平台，提升物流设施高效利用率，推动共同配送以及应急等公共物流的统一调度，提升整体物流保障能力。

2.4.3 "慢生活"：完善绿色交通网络，促进城市公交导向开发建设

2.4.3.1 倡导绿色生活，推行"慢行街区"+"骑行城市"

自2010年广东省启动绿道建设以来，绿道已融入市民日常生活，大湾区各城市的骑行、步行环境得以大幅提升。如，深圳已建成全长约2448公里的绿道网络，市民骑行5分钟可达社区绿道，

图 2-13 广东省碧道类型示意图
图片来源：广东省水利厅网站 http://slt.gd.gov.cn/

图 2-14 全国幸福通勤：5公里范围通勤比例（5公里范围内更倾向于慢行出行）
资料来源：中国城市规划设计研究院《2020年度全国主要城市通勤监测报告》

城市规模	研究城市	5公里通勤比重	
超大城市 49%	深圳市	57%	
	广州市	51%	
	上海市	48%	
	北京市	38%	
特大城市 51%	杭州市	55%	
	郑州市	54%	
	沈阳市	53%	
	天津市	52%	
	西安市	51%	
	青岛市	51%	
	武汉市	51%	
	南京市	49%	
	重庆市	48%	
	成都市	46%	

15分钟可达城市绿道，30~45分钟可达省立绿道。2019年广东省颁布建设万里碧道行动计划，与陆上绿道成为人民休闲游憩和日常步行、骑行的重要空间载体。

另一方面，随着生活水平的提高以及产业和人口结构的变化，人们越来越追求更健康、更环保、更舒适、更安全的出行环境，如年轻一代创新型、技术型人员对交往、个性化的诉求，年老者、年幼者对安全、无障碍的要求，中产者对绿色健康的追求等。越来越多的人也更倾向于体验"慢生活"，就近购物、上学、上班、就医、聚会、娱乐、游憩，试图寻求工作和生活的平衡。城市发展也从过去单纯追求"快节奏",向更注重对不同阶层人群的人文关怀转变。以"步行+骑行"15分钟可达为宗旨的"生活圈"和街区建设普遍成为大湾区高密度、高存量地区高品质再开发的重要举措。各市纷纷出台街区设计指南和导则,以期为市民打造一个开放便捷、尺度适宜、配套完善、邻里和谐的生活街区。2017年,广州市出台《广州市城市道路全要素设计手册》2019年出台《广州城市设计导则》;2017年,珠海市编制《珠海市城市街道交通规划导则》;2019年,佛山市出台《佛山市街道设计导则》;2019年,深圳市出台《关于推进国际化街区建设提升城市国际化水平的实施意见》,同期编制《深圳市街道设计标准》和《深圳市无障碍城市标准》。

2.4.3.2 结合要素分布,强化以公交为导向的空间开发模式

粤港澳大湾区主要城市中心城区均进入存量开发时代,以轨道车站为核心统筹社区商业、居住、娱乐和生活服务等空间安排和业态构成,让轨道从单一的"出行服务"转向"轨道经济、轨道生活、轨道文化"的空间发展新模式,推动空间功能优化、高品质再开发成为未来一大趋势。

但我们也应看到,广州、深圳依托轨道公交站点进行城市再开发的成效与北京、上海等地区的差距。从现状城市轨道规模来看,广州、深圳远远落后于北京、上海等大都市,且其他大湾区城市轨道交通尚处于建设起步阶段,未来包括广深在内的大湾区城市还需进一步加快城市轨道的规划建设,特别是如何利用广州、深圳城市轨道交通建设、运营的经验促推相邻地区城市轨道的建设,成为未来亟待解决的主要问题。

城市轨道人口、岗位覆盖率对比　　　　　　　　　　　　　　　　　　　　　　　　　表 2-7

指标	北京	上海	广州	深圳
城市轨道长度(公里)	776	802	501	316
覆盖居住人口	43%	46%	52%	45%
覆盖就业岗位	59%	59%	62%	45%
覆盖通勤人口	27%	33%	37%	30%

资料来源:中国城市规划设计研究院《2020年度全国主要城市通勤监测报告》。

2.4.4 "新服务":借力新型基础设施,建设全球智慧湾区

大湾区作为复杂网络系统的巨型城市区域,"一国两制"以及内部城市之间的体制差异所带来的区域治理与要素流通的困境,高密度的人口与产业集聚所带来的交通管理、社会管理的压力,都有赖于智慧湾区作为更有效的解决方案。粤港澳大湾区拥有全球最大的5G产业集聚区、发达的科技创新和制造产业,一直都是智能化、智慧化产业和应用的前沿地带与试验场。特别是大湾区智慧物流的加快实践应用,将进一步加快大湾区内要素资源的高流动性,提高效应和促推新业态、新产业的发展。2018年,菜鸟宣布将在香港国际机场牵头与中国航空、圆通速递投资约15亿美元建设

世界一流的数字物流中心，成为菜鸟国家智能物流骨干网首批在全球布局的六大eHub节点之一，由此拉开了粤港澳大湾区智慧物流建设的序幕。2019年，京东物流全面投用亚洲规模最大的一体化智能物流中心——东莞亚洲一号，是目前已知的亚洲地区最大的一体化智能物流中心，将以集群化智慧物流加速大湾区商品流通和供应链升级。

另一方面，随着粤港澳大湾区对5G、物联网、无人驾驶等新一代技术的发展，将推动智慧交通、智慧城市、智慧物流等在大湾区加速发展落地，促进区域治理手段的更新，包括香港、澳门、深圳、广州、珠海、佛山、东莞等纷纷提出智慧城市建设及实施方案。未来随着新技术的持续应用和制度完善，将对现有治理模式带来重大变革，为社会经济发展与各项要素的流通提供一种更为高效的"流"服务，有望进一步打破城市之间的行政壁垒，真正实现湾区一张网、一张图的协同式治理。2018年7月，深圳市发布了《深圳市新型智慧城市建设总体方案》，致力于打破不同部门、行业之间的数据孤岛壁垒，以服务城市治理为核心，积极推进智慧城市建设，并以此为顶层设计，开展了大量智能公交、智能停车、车联网、智能出行服务、智能轨道等多个细分领域的实践探索。根据国际数据公司（International Data Corporation，IDC）《2019H1全球半年度智慧城市支出指南》，2020年，深圳已经与北京、上海等城市进入智慧城市投入第一梯队。同年，由香港特区政府创新及科技局推动的香港智慧城市建设，致力于将香港打造成能够辐射亚太地区的智慧城市建设标杆。

【本节作者：李春海，中国城市规划设计研究院深圳分院交通规划设计研究所，所长；石爱华，中国城市规划设计研究院粤港澳研究中心，主任研究员】

2.5 协同湾区：后疫情时代下的现代治理模式创新

2.5.1 区域治理：充分利用"一国两制"，保障要素流通内外合作新优势

2.5.1.1 依托港澳，扩大国际开放与服务能力

面对世界格局的重大变化以及中国的巨大产能和国际影响力提升的需求，中国依然需要坚定不移地推进对外开放与国际合作，虽然与美国等主要发达国家的合作受到明显影响并带来贸易上的收缩，但面向"一带一路"等新兴地区，仍需要在现有的基础上开拓新的对外开放新局面。

近年来，中国依托"一带一路"积累的贸易路线已相对成熟。截至2019年4月22日，中欧班列铺设路线已达68条、累计开行14691列，直接联通了中国62个城市和欧洲15个国家的51个城市。通过间接联通中国任何城市都能顺利到达欧洲任何国家。此外，我国港口发展处于世界前列。截至2018年底，全国港口拥有生产用码头泊位23919个，其中，沿海港口生产用码头泊位5734个，内河港口生产用码头泊位18185个；拥有万吨级及以上泊位2444个，其中，沿海港口万吨级及以上泊位2007个，内河港口万吨级及以上泊位437个；完成货物吞吐量143.51亿吨，其中，沿海港口完成94.63亿吨，内河港口完成48.88亿吨。在全球港口货物吞吐量和集装箱吞吐量排名前10名的港口中，中国港口均占有7席。目前，我国港口已与世界200多个国家、600多个主要港口建立了航线联系。我国90%以上的外贸货物通过港口进出。虽然未来短期内可能会有全球经济下滑趋势，但整体的全球化趋势仍不可逆转，而与全球各国建立起长效且稳定的经济联系是中国未来由内向外走向世界的重要保障[1]。粤港澳大湾区在当前"一带一路"的承载能力中占据重要地位，在货运港口方面，大湾区有3个港口排名全球前十。2017年全球机场客运吞吐量（航空客运）排名，香港排名世界第8、广州第13、深圳第34；在2017年全球机场货运量（航空货运）中，香港排名世界第1、广州第19、深圳第24；在货柜港口方面，深圳排名世界第3、香港第5、广州第6。

粤港澳大湾区作为以制造业为主的外向型经济，除了扩大内需来缓解增长压力以外，更重要的还是要同时拓展国外合作市场，与"一带一路"地区尤其是东南亚等地区加强经济合作与往来，引导企业、资金与产品走出去。大湾区以华为、中兴等为代表的企业已经在全球建立了研发、生产基地，拥有丰富的国际合作经验，但对于整个大湾区来说，除了香港、澳门以外，虽然有着三大自贸片区等开放度较高的区域，但在国际营商环境、国际专业服务、国际标准与制度对接等方面仍有较大的差距。而这些方面正是香港、澳门在"一国两制"下所具备的独特优势，并有着充足的资金和专业人才，更可以为大湾区的产能输出提供资金与服务支持。因此，与长三角、京津冀等城市群相比，大湾区虽然在扩大内需方面不占据优势，但可以充分利用"一国两制"，将香港、澳门的国际服务等优势转化为新一轮对外开放格局中的核心竞争力。

2.5.1.2 依托都市圈，完善区域协调与治理体系

粤港澳大湾区已经在经济总量方面接近世界一流湾区，但要在经济运行质量和效率方面赶上，必须打破内部体制壁垒，形成区域发展合力，共同应对未来的社会经济危机与产业链重塑。

过去20年间，粤港澳大湾区城市个体间的协同治理已经全面普及，其中粤港两地多样化、深层次的协同治理成果最为突出，并可以归纳为以下3种模式：常设协作机构协同治理、外部采购协议协同治理、联席会议制度协同治理[2]。常设协作机构主要被应用于大型基础设施的共建、共治和共享。来自广东、香港和中央政府的交通行政机构作为常设协作机构的主要参与者，共同参与到跨境大型基建的建设、维护和管理中，其中有代表性的合作项目包括港珠澳大桥、粤港高速铁路等。外部采购协议协同治理指的是协同双（多）方将自己的公共服务和治理需求以周期合约的方式全权委托其中一方负责。在粤港间的协同治理中，长期合同外包模式主要用于从合作方购买公共服务，比如跨境供水、食品安全和供应、电力供应等，其参与者主要包括香港特区食物及卫生局、环境局以及广东省和国家质量监督检验检疫总局、水利局等。联席会议制度作为粤港政府协同合作的制度创新，是粤港协同治理从社会需求跃升至政府合作的制度保障，其牵头人包括广东省省长和香港行政长官在内的高级政府官员。

目前，粤港澳大湾区内广东省内已经建立了较为完善的协同机制，但涉及港澳的跨境机制仍处于探索阶段，最大的协同和治理模式障碍仍在于三地的制度模式不同，如：香港政府在实行跨境合作特别是工程类合作时，预算往往受到《中华人民共和国香港特别行政区基本法》第七十三条赋予监督权限的香港立法会限制。而内地的地方人大则在审议政府提交的年度预算时，几乎很少出现行政和立法意见有冲突的情况[3]。由此可见，香港的政治体制能够影响到重大工程（如：港珠澳大桥、东深供水协议）等具体的合作。而香港在这些合作过程中虽高度自治但仍受到国家宏观形势和政策的深远影响，因此也会在协同行动中表现出协同能力的不足。另外，目前粤港澳大湾区很多跨界或飞地式重大平台的建设也是协同发展的重要体现，除了部分重大平台有来自国家与广东省层面的协调以外，大部分仍停留在城市主体之间的协调阶段，面临功能统筹、设施衔接、政策对接等诸多问题，如深圳光明科学城与东莞松山湖的合作，广佛、深莞惠边界地区的合作等，仍迫切需要来自上层机构的协调。

随着城市群取代城市成为未来参与全球竞争与引领经济发展的主体，都市圈也取代城市成为城市群内部的竞争与治理单元。粤港澳大湾区要建设世界级城市群离不开世界一流都市圈的培育，这也是广州、深圳等都市圈扩容的重要原因。为发挥都市圈内核心城市的引领作用，实现都市圈内部城市间的互利共赢，需要在大湾区层面的协调机构下建立都市圈层面的协调治理机构，通过改变现有的竞争思维和考核模式，促进内部城市之间的合作以及资源、服务、设施的共建共享，并在一定程度上对核心城市赋予更高的管理权限以及相应的中心引领方面的考核内容，在双循环格局下共同构建具有全球竞争力的产业链与供应链。目前，虽然广东省划定的深圳都市圈、珠江西岸都市圈等不包括港澳，但要构建世界一流的都市圈，要推动大湾区的区域协同发展，需要将港澳考虑在内，即拓展为深港都市圈与珠澳都市圈，未来通过珠江西岸的崛起，构建与广州都市圈真正三足鼎立的粤港澳大湾区三大世界一流都市圈格局。

2.5.2 智慧治理：以搭建智能管理探索要素流通新平台

智能化信息平台建设的概念可深化到城市和区域的不同层面，如：智能电网控制平台、智慧交通管理平台等。目前，世界各国均把智能化信息服务平台列入其"数字城市"建设的整体计划，并以技术公司为主体，配合数字传输和管控处理措施，容纳手机信息平台等信息查询报告等功能，方便市民参与市政管理工作。

在2019年底新冠病毒（COVID-19）肺炎疫情突发背景下，粤港澳大湾区通过政府与高科技企业共同合作，在信息渠道提供、大数据追踪溯源、疫情控制、物流配送和保障供给等方面均作出了要素流通成功示范并积累了先进经验。如：华大基因依托自身长于检测的优势能力，在研发提供核酸检测试剂的同时，设立了具备数万人级别新冠病毒核酸日检测能力的"火眼"实验室；大疆公司推出无人机疫情防控行业应用服务方案，协助国内各级政府与管理部门，将无人机应用于物资运输、交通执勤、监管巡查与防疫宣传等工作。除高技术型制造企业之外，本次新冠肺炎疫情更大的政企合作仍在于智能信息服务平台建设，如：腾讯公司及时汇总卫生及交通等政府部门公布的确诊病例信息数据并提供一系列疫情防控服务，其中包括以地图形式展示新冠肺炎患者的行迹，方便用户查询自己是否曾经与感染者乘坐同一趟交通工具，以及是否在其他相关场合接触过感染者等。此外，发布电子健康码是各大高新技术企业助力政府疫情防控的重要手段。目前，深圳、佛山、珠海、广州、中山、东莞等6个大湾区城市的电子健康码已上线应用，4092万居民拥有了电子健康码，全省各级各类卫生健康机构基本已实现数据有序共享交换。此外，微信程序的技术开发也集合了政府与企业合作的成功案例，如：针对机构和疫情期间出行返工的"扫码出入"小程序，不仅可以及时与国家安全部门的信息对接，还能简化和提升出行健康建议流程。此外，还有健康医疗服务、外卖服务、出行服务、远程办公服务等不同高科技领域的企业和操作控制平台与政府一起，保障整个社会安稳平缓度过突发事件的影响与损伤。

面对大规模区域性突发安全事件，需要区域每个城市和机构谋求共同对抗风险的合作，2019年新冠病毒暴发再次为大湾区带来建立共享信息与资源的契机。大湾区内的信息与资源也应包括针对本次疫情的来源信息、防控方式经验、健康数据交换共享、检测结果互认等，这应该是未来结合本次疫情急需构建的管理机制空白。而面对范围更为广泛的不可预知事件（如：公共安全、重大自然灾害等），需要整个大湾区打破地域和行业限制，才能将其提升到涉及大湾区每个人切身利益的信息和资源得以合理分配的目的。目前，可以集合粤港澳三地的医疗卫生、环境污染、物资储备、专业救援团队等不同领域共同组成专业的跨境联盟机构，并制定一系列权限制度保障面对重大问题时三地的要素流通，特别是信息与资源的及时共享。

2.5.3 跨界治理：营造多维度健康湾区，破解要素流动制度瓶颈

2019年末的新冠肺炎疫情考验着整个区域应对重大突发事件的响应机制，而面对未来可持续

发展或健康湾区建设的宏大命题，除地方政府构建适合并满足自身需求的重大平台之外，更需要破除关键要素流通的限制，使其能够依托合作平台并保障区域健康发展。

目前粤港澳之间针对健康共享共建的合作平台多以产业为主要依托，其中较为典型的如：粤澳合作中医药科技产业园。2011年，粤澳合作中医药科技产业园成为《粤澳合作框架协议》签署后首个落地横琴国际合作区的项目，并受到粤澳两地政府的重视。2014年11月，珠海市横琴新区管委会对外公布，将采取多项措施，以粤澳合作中医药科技产业园为载体，设立中医药转化医学中心、院士（国医大师）工作站和道地药材认证、交易平台，建设中医药产业"走出去"的国际平台。2017年底，横琴新区出台并实施《横琴新区支持粤澳合作中医药科技产业园发展的若干措施》，从设备购置补贴、场地租金补贴、企业发展扶持、科研成果奖励等方面，支持粤澳合作中医药科技产业园加快发展。截至2018年7月31日，产业园已对接洽谈企业487家，累计注册企业94家，涉及中医药、保健品、医疗器械、医疗服务领域，其中，澳门企业25家，属于新培育的中医药企业10家，属于澳门传统中医药企业投资新设企业9家，产业园已经成为扶持澳门成长型中医药等健康医药领域企业发展的重要平台，未来有望成为大湾区健康医药产业新的集聚点。

未来基于数字化大潮趋势带来的新视角，不再拘泥传统的土地划拨和产业园区而搭建数字化合作平台将成为未来大湾区的重要平台合作方向。目前，新型互联网诊疗正在"健康广东行动"中探索基于5G、区块链等技术加快推进电子病历的科研和应用，在大湾区率先实现电子病历互联互通，努力做到医院之间各诊疗环节数据共享、检查结果互认。此外，科研合作平台也将成为未来跨界合作平台之一，由中国工程院院士钟南山担任主任的粤港澳传染病联合实验室，已经申报了人冠状病毒感染交叉抗体应答机制解析和人源应急救治抗体开发国际科研合作项目。该实验室依托广州医科大学附属第一医院、香港科技大学、金域医学、澳门科技大学、香港大学-巴斯德研究中心、中国科学院广州生物医药与健康研究院共同建设，将对粤港澳大湾区重大呼吸系统传染病的响应速度、防控机制、诊治能力提升起到积极作用。

港澳地区与珠三角9市相比，拥有更优质的医疗资源。根据世界卫生组织公布的报告，从"医疗水平""就医难度""医药费负担公平性"等维度考量，香港的医疗体系排名全球第4。香港大学、香港中文大学的医学系排名分别为世界第29、第45，也处于领先水平。港澳共有9个医疗领域的国家重点实验室，澳门的初级卫生保健体系更被世界卫生组织评定为"太平洋地区典范"。因此，推动港澳与内地优质医疗资源共建共享，辐射带动内地医疗服务水平整体提升，是未来大湾区发展的重要方向。"健康广东行动"明确提出支持珠三角9市高水平医院与港澳医疗机构组建"医联体"，积极引进港澳专业医学人才、先进医疗技术、成熟管理经验和优秀经营模式，支持港澳医师、护士、药剂师等在大湾区内开展执业活动等。截至2018年底，港澳人士在广东省申办的医疗机构共有48家，其中独资31家、合资17家。随着粤港澳大湾区要素进一步融合，预期这一数字还会持续增加。另一方面，粤港澳三地也在努力克服体制机制差异带来的种种挑战，如：在深圳有7家公立医院正在试点救治跨境转诊病人，香港也有2家医院在探索大湾区内跨境转诊。港澳药品已经可以在内地特定医院使用，推动大湾区内药品、耗材价格同步被纳入规划。此外，自2015年10月起，移居内地的香港长者已经可以在港大深圳医院使用港府资助的医疗券支付基本医疗服务费用。香港实施的"自愿医保计划""长者医疗券计划"和澳门运作的澳门居民参加珠海医保"横琴模式"，均给港澳居民到内地就诊享受医保待遇带来了很好的启发。最后，要素流通离不开全社会的支持保障，应建立政策鼓励参与"自愿医保计划"的保险公司拓展大湾区医院的自愿医保业务，由参保人自主选择在大湾区指定医院就医，并享受相应理赔待遇。同时，把"长者医疗券港大深圳医院试点"计划拓展到大湾区指定的医院，允许内地医院科室经认定成为该计划的医疗服务提供商，并适时推动港澳居民参加内地居民医保计划。

2.5.4 基层治理：发挥街道力量，促进居民参与

街道办事处，是我国与乡和镇同级别的乡级行政管理机构，其下辖管理的社区属于中国内地的法定城市居民基层群众自治组织——居民委员会的管理范围（村级行政区划单位）。由此可见，街道和社区通常被认为是我国整个治理体系中最小的治理单元并发挥着重要的作用。在本次2019年新冠肺炎疫情背景下，对比国内外的防控管理体制可以观察到，构建健康协同的大湾区城市群，有必要重视这些基层治理单元，探讨我国治理体系构建的优势、问题与未来展望。

2.5.4.1 街道基层管理是推进社区治理的重要桥梁

街道基层管理制度是我国特有的一种行政管理体系。《中华人民共和国地方各级人民代表大会和地方各级人民政府组织法》规定："市辖区、不设区的市的人民政府，经上一级人民政府批准，可以设立若干街道办事处，作为它的派出机关，主要承办市辖区人民政府、不设区的市人民政府交办的有关事务，指导居民委员会的工作，加强基层政权和与居民的联系，反映居民的意见和要求"。由此可见，街道办事处以行政组织的身份一方面联结着政府，另一方面以社会组织的身份联系着基层社会，因此街道办事处在政府和群众之间起着桥梁的作用[4]。街道的桥梁职能使其在实际管理工作中具有极大的优势，能够将政府的管理举措直接作用于群众主体，而从社区居民的视角来看，街道办事处将社区居民的意见和需求进行采纳收集，以代言人的身份反映给上级政府，也能够掌握第一手群众资料并反馈及调整[4]。

此外，街道办事处是三级管理的直接实施者，社区建设中的繁杂事务都要由街道办事处去执行管理。且随着我国城市社区管理体制的发展，市委、市政府不断将权利责任下放，政府职能也随之转变，将一部分行政管理职能转移给街道办事处，从而实现管理重心下移。街道办事处作为社会管理的基础，承担着大量复杂繁重的工作，肩负着社区管理的重任，因为其涉及的工作范围广泛，所以街道办事处对社区的管理工作贯穿于社区建设的整个过程。因此，街道办事处能非常精准地了解管理中的现实问题，并提供直面城市社区居民的及时性和现场性，基于中国传统道德，给予居民第一时间的帮助与温暖。在本次新冠肺炎疫情暴发期间，街道办管理能够同时完成一线管理和政府指令下达的具体工作，及时反映举措带来的问题和提出改善建议，并对社区困难居民提供帮助。

2.5.4.2 社区治理在本次疫情防控中发挥了重要作用

德国社会学家滕尼斯在1887年发表的《共同体与社会》一文中首次明确界定"社区"概念。他提出社区是由具有共同价值观的同质人口组成的、关系紧密的、富有人情味的一种社会"共同体"。因此，社区除了广义的空间概念，更象征着群体自发治理和文化理念，正是这种理念在抗击疫情时增加了社区人群的信心和能动力。

作为社会治理的基本单元，社区是防疫第一线，在阻断疫情传播、保障居民生活、维护基层社会稳定等方面发挥着重要作用。基于本次新冠病毒疫情高传染性和大湾区居住高密度的现实情况，只有在社区尺度第一时间控制疫情，才能有效避免大规模群体感染等恶性事件。本次新冠肺炎疫情期间，社区充分发挥了其一线作用，及时按照科学方法做出应对举措，在管理层面实行二维码或出入卡制度，在防治层面加大卫生和消杀处理，在服务层面提供及时的生活帮助。这些不可替代的作用均是粤港澳大湾区能够顺利抵抗突发事件、实现经济社会良性运转的关键保障。

2.5.4.3 促进居民参与是未来社区治理的发展方向

值得注意的是，社区基层治理模式在本次新冠肺炎疫情中发挥积极效益的同时，也暴露了不少明显短板。社区治理模式在大湾区仍有待提高，特别是在管理制度与居民的切实便利之间的平衡将可能成为未来决策的重点，而大数据人工智能等可能会为这些问题的解决提供思路和方法。

社区包含政府、社区组织、社区居民三大主体，其中政府角色最难界定，既要大力倡导社区自治，又要主导整个社区发展过程。目前，中国的城市社区参与更多是一种出于治理需要的自上而下的制度安排，具有很强的国家动员、群众参与的传统色彩，与基于信任、合作、互惠和自我管理的社区自治仍有区别。未来，政府需要从基层社区建设的掌舵人转变成为领航人，推动公众参与社区建设，而且随着我国公民意识的提升，未来社区治理需要同时满足公民对于自我管理的基本诉求。

【本节作者：赵亮，中国城市规划设计研究院粤港澳研究中心，研究员】

参考文献

[1] 吴江. 用大数据分析粤港澳大湾区的优势及协同发展机制研究 [J]. 特区经济，2020（02）：51-55.

[2] 赵辰霖，徐菁媛. 粤港澳大湾区一体化下的粤港协同治理——基于三种合作形式的案例比较研究 [J]. 公共行政评论，2020，13（02）：58-75，195-196.

[3] 朱光磊. 当代中国政府过程 [M]. 天津：天津人民出版社，2002.

[4] 张英楠. 街道办事处在社区建设中的职能探析——以长春市群英街道办事处为例 [D]. 吉林大学，2016.

Part B 湾区见解
第二部分

本部分内容主要是结合中国城市规划设计研究院深圳分院的"城 PLUS"公众号中与粤港澳大湾区有关的精彩文章进行编辑整理,形成对粤港澳大湾区的独特见解。

2019~2020年,粤港澳大湾区所迎来的新的国家使命担当,必然会推动区域战略合作模式的变革,并引发区域空间结构的重组和战略节点功能的调整。

2019~2020年,深圳不仅迎来了特区 40 周年的生日,也迎来了社会主义先行示范区的特殊使命,走过了深圳速度和深圳质量,未来将何去何从?深圳都市圈、自主创新必将是其未来发展关键词中不可或缺的主角。

(注:本部分内容根据 2019~2020 年度"城 PLUS"公众号中有关粤港澳大湾区的文章进行编辑整理)

第 3 章
国家使命担当

3.1 粤港澳大湾区的创新发展

京津冀、长三角和粤港澳大湾区，均定位为世界级城市群。那么三者的差异何在？国际语境下的贡献如何？空间结构将如何发展？本部分利用大数据结合国土空间分析，针对三大城市群进行评估，提出"墙"的概念，最后对粤港澳大湾区优化治理提出三个关注方向。

《国家新型城镇化规划》提出："以城市群为主体形态，推动大中小城市和小城镇协调发展"，《国民经济和社会发展第十三个五年（2016~2020年）规划纲要》也明确提出要"加快城市群建设发展"，并在全国划定了19个城市群，其中具有国际竞争力的是京津冀、长三角和粤港澳大湾区（当时称为珠三角）三大城市群。

2019年的中央财经委员会第五次会议和中央经济工作会议，都提出要增强中心城市和城市群等经济发展优势区域的经济和人口承载能力。城市群作为国家发展与区域战略的重要载体，具有重要意义。

3.1.1 国家使命与责任

3.1.1.1 功能与定位

1. 京津冀

北京是国家首都，作为国家的政治、文化、交往、科技创新中心，国家门户与窗口作用非常重要。然而，现状京津冀存在两方面问题：一是河北环绕北京的贴边式发展，大量的新城新区建设都环绕京冀边界地区，造成了大量的长距离通勤、社会安全问题，甚至区域生态安全问题；二是环渤海湾区的竞争填海问题，大规模的填海计划对生态环境的负面影响巨大。

因此，京津冀的核心作用是解决北京的大城市病与疏解非首都功能，其国家使命与责任，将体现在未来国际文化交流、国家首都形象、生态居住环境等方面，从而充分发挥国家门户和窗口作用。

2. 长三角

长三角依托我国的母亲河长江流域，是我国人口、经济最集中的地区，是保障全国稳定发展的重要支撑。

长三角的定位在于完善我国改革开放空间布局。如中国国际进口博览会（以下简称"进博会"）的举办，相对珠三角过去出口导向的经济窗口作用发生了变化。中国进出口商品交易会（简称"广交会"）从1957年开始，已举办120届，是把我国产品卖出去的主要窗口。进博会则相反，是世界高端产品进入中国的窗口，体现了我国经济财力、消费水平达到了一个新的高度，标志着上海成为我国未来消费经济与经济增长的重要枢纽。

3. 粤港澳大湾区

大湾区更强调发展质量。广东一直是我国经济发展第一大省和主要发动机，其核心在大湾区。大湾区城镇化水平接近90%，发展质量与动力直接决定了中国未来中长期的发展速度和国家的复兴。

大湾区定位很多，最独特之处是支持港澳融入国家发展大局。从珠三角到大湾区，核心是加入了港澳。对于粤港澳大湾区而言，优势、特点和难点都是制度，研究制度比空间更关键。未来如何发挥特殊制度优势，突破行政与制度的隔阂，实现"9+1+1"的共赢发展，是最大挑战。

3.1.1.2 合作共赢，是大湾区的关键价值

不考虑港澳，对比三大城市群，珠三角不仅全球贸易、决策控制能力差距很大，科技创新也存在一定差距，其中深圳90%的创新都集中在企业，企业创新转化能力非常强大，但基础创新能力弱。

粤港澳大湾区的发展要强调合作共赢。谁是龙头城市并不重要，重要的是以多中心的城市体系形成合作网络，主要体现在两个方面：

加强广州、深圳的合作。广州更多体现为门户城市，千年商贸之都，深圳是创新城市或开放性市场，两个城市有广泛的合作空间，比如广州的教育、医疗机构，可以弥补深圳民生发展短板；深圳创新企业也可与广州企业合作。

增进香港与珠三角的合作。与广州、深圳相比，作为西方全球化体系里的代表城市，香港最大优势是金融科技服务和专业服务。在自由贸易体系中，香港的国际诚信、国际规则和国际化人才内地城市很难替代。且科技、教育资源强大，有6所国际100强大学和一系列国际一流科技园平台，但缺乏应用市场和配套制造业支撑，如大疆，萌发于香港、落地于深圳、生产制造于东莞。因此，粤港澳大湾区的创新发展需要集合各城市资源，加强互补合作。

3.1.2 国际语境与贡献

在全球气候变化与绿色低碳发展的要求与背景下，要充分发挥三大城市群作用，推动中国迈向可持续发展。

三大城市群生态环境治理任务依然艰巨。空气质量最差的是京津冀地区，灰霾程度非常高。分

散工业化、城镇化是其造成环境污染与生态危机的重要因素,近年来,京津冀环境治理取得一定成绩,尤其是在清洁能源结构转变方面做出了重要探索和创新,从2017年开始空气质量有明显好转。水质方面,三个城市群都有一定规模的黑臭水体,均有较大改善空间。近年来,广东大规模推进河道治理,特别是交界地区,如深圳茅州河,投入几百亿资金持续治理黑臭水体,未来结合"碧道"建设,水质环境将进一步改善。

3.1.3 三大城市群空间特征

3.1.3.1 密度与规模:密度影响大于规模影响

三大城市群均呈现多中心和高密度特征,其中土地面积京津冀、长三角、粤港澳大湾区分别为21.8万、21.2万和5.6万平方公里,建设用地面积分别为4.37万、6.97万和1.04万平方公里,常住人口分别为1.11亿、1.54亿和0.72亿人。在空间尺度上,粤港澳大湾区的全域土地面积与建设用地面积均小于其他两个城镇群,但人口和经济密度都最高。

人口密度上,粤港澳大湾区可以说是全球人口密度最高的城市群,与纽约、东京、旧金山城市群比较,沿其主要发展走廊截取人口密度断面,可见最突出的人口密度峰值均出现在粤港澳大湾区,包括澳门、香港、深圳与广州。对于粤港澳大湾区而言,人口密度带来的不仅仅是压力,更是机会。人口密度实际比人口规模更重要,质量的提升、人才的集聚、创新机会的出现,一定程度上都是人口密度带来的机会,这将给粤港澳大湾区未来发展提供无限想象空间。与此同时,我们也要重视人口过于聚集带来的公共安全和大城市病等问题。

企业密度上,粤港澳大湾区在创新企业、创新产业网络密度与紧凑度上,也高于京津冀和长三角。但相比其他世界级湾区(特别是旧金山湾区)的差距还很大,这也给粤港澳大湾区未来高质量发展与经济活力提升提出了进一步要求。

图 3-1 三大城镇群人均 GDP 和地均 GDP 比较

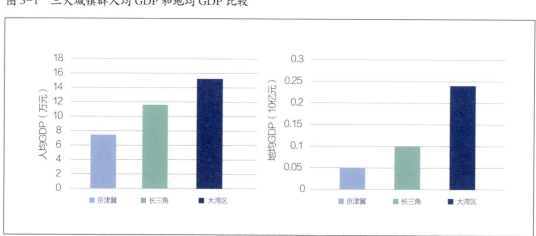

图 3-2　国际四大湾区人口密度剖面示意图
资料来源：中国城市规划设计研究院深圳分院"数字湾区"平台

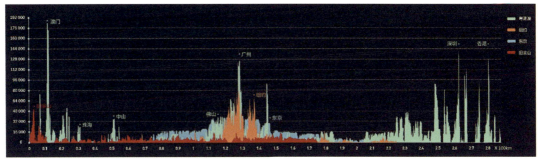

图 3-3　三大城市群人均公共服务资源比较

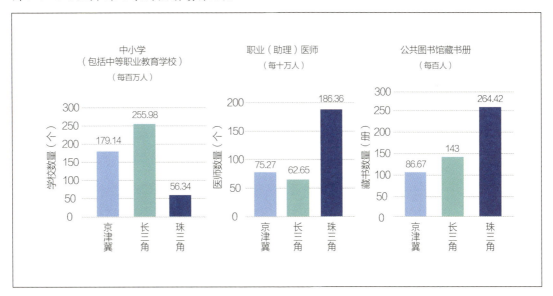

公共服务设施密度上，粤港澳大湾区相对薄弱。医疗、文化有一定优势，教育有所欠缺，随着人口结构的变化，未来公共服务设施格局与密度还需进一步优化。

3.1.3.2　流量和存量：流量影响大于存量影响

三大城市群要素流动网络也存在差异。内部联系网络方面，京津冀与长三角呈现出明显的核心——北京和上海，网络联系度前列者均为从北京、上海向外辐射。而大湾区企业联系多中心网络化程度更高，其中联系最紧密的是广深。

人口流动方面，北京一极独大的特点明显，长三角形成沪宁杭三个相对独立的地域人口流动极核，大湾区则形成"Z"字形通勤廊道（佛山—广州—深圳—惠州），特别是东岸的广—莞—深—港通勤走廊，存在大规模跨城人口流动，而西岸人口流动性相对较小。

大湾区形成全国最大规模的跨城通勤人口。广佛每天至少有50万人口通勤，深圳每天通勤人数至少30万，已初步形成高度流动的空间格局。

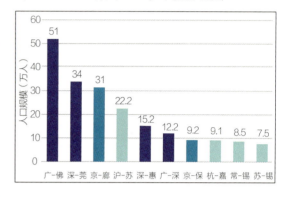

图 3-4　三大城镇群人口跨城通勤强度前10

3.1.3.3　制度与空间：制度因素大于空间距离

城市群内部各城市之间并没有完全实现最高效的资源要素流动。我们尝试用"墙"的概念，评估现实跨界联系流量与理论跨界强度的匹配性与差异性，即行政边界、制度文化等要素对于城市之间要素流动的相对阻碍与促进作用。其中，理论联系流量是基于引力模型的优化算法，反映两个城市之间的理论吸引力，这一数量与人口经济规模、实际交通距离相关。现实的跨界人口联系流量，则是通过整合利用移动运营商和百度慧眼数据，反映两个城市之间的实际人口流动规模；企业联系流量，则是城市间企业设立分支机构的数量与投资的联系强度。

初步研究发现，京津冀地区的河北省内部、跨省（市）联系阻碍系数相对较低，而大湾区的跨境联系、长三角的跨省（市）联系阻碍系数较大。可见阻碍系数实际上与要素流动类型、城市经济发展水平、城市间经济发展相对差异、行政层级关系、协同发展政策等均有密切关系。

空间格局上，深圳与香港之间虽然人口往来密切，但跨境带来的阻碍系数依然较大。西岸地区（如江门与周边城市）的阻碍系数比较高，而东岸深莞惠地区的流动性更强，这与制度协同、交通便利性均有较大关系。长三角的阻碍系数相比一体化的要求还有一定差距，需进一步推动人口、经济要素流动。京津冀整体阻碍系数相对较小，一方面是区域发展不均衡性较大，另一方面是以高铁主导的交通运输网络便利性更高，而大湾区轨道网交通建设则相对滞后。

大湾区空间联系格局背后是复杂的边界和制度差异。深港之间的实际联系流量只有理论联系强度的1/72，如果用空间距离做一个更形象的比喻，深港边界宽度大概是"500公里"，这可以认为是制度差异下的时空距离。大湾区的三大都市圈，即广佛肇、珠中江与深莞惠，其跨都市圈的通勤阻碍系数是都市圈内部的2.3倍，可见三大都市圈的格局比较明显。相较而言，在人员阻碍和资本阻碍上，深莞惠均具有一定优势，其制度协同与市场化水平相对较高，而广佛肇之间人员阻碍更大，珠中江之间资本阻碍更大，这与各自人口、经济空间格局特征有密切关系。

3.1.4　空间治理

如何优化治理粤港澳大湾区这种特殊区域空间，我们提出以下3个需要关注的方向。

3.1.4.1 以"公交都市区"为抓手，推动都市圈化与区域治理

粤港澳大湾区高密度、高频度的人口与资本流动，已经形成高度网络化的深莞惠、广佛肇都市圈与发育中的珠中江都市圈，未来将通过协同规划进一步促进都市圈化与要素流动。

都市圈未来发展的重点之一，是通过市域快线或市郊铁路建设，强化中心城市与都市圈外围联系，推进公交都市区建设，实现都市圈内城镇1小时可达。

3.1.4.2 加强港澳与内地服务、标准、制度衔接

促进港澳融入国家发展大局的关键因素是人。深港、珠澳之间每日有大量的人员往来，且跨境活动内容不断丰富——除工作与商务活动外，休闲、探亲和上学的占比越来越大。日渐频繁的生活交往给粤港澳大湾区治理带来新的要求。

首先是提供适宜港澳人群要求、高标准的宜居宜业生活圈，需要从社区型设施多元性、公共服务管理与模式、公共服务跨境衔接等方面，加强三地公共服务设施标准衔接，为三地人员往来提供基础保障。

其次是信息化协同，互联网与信息技术已全面渗透居民生活，而三地互联网的差异化环境与应用方式，是促进三地人员流动与交往的挑战之一。

最后，最关键的问题是制度差异性，如税率，香港属于低税率地区，港人到内地工作能否享受香港标准的税率优惠是重要的考量因素。

以上是港澳融入内地发展面临的现实问题，需要大力推进制度创新来解决。

3.1.4.3 善用"墙"和势差

粤港澳大湾区的合作共赢发展，并非追求削平三地的制度差异。在一定程度上，制度差异是塑造要素势差与多元活力的关键，包括法律法规、市场化水平等。这种差异化与多元性，将给大湾区带来丰富的体制机制创新探索空间。

以制度创新推进社会治理能力现代化，优化要素流动格局，是大湾区相比京津冀、长三角而言最大的特点与优势，将为未来文化多元化、国际化发展提供重要支撑。

【作者：罗彦，中国城市规划设计研究院深圳分院总规划师；发表时间：2020年3月11日】

3.2 大湾区城市群的创新协作

过去十年中国出现了重大变化，走向了人口高度集中的大城市群化过程。粤港澳大湾区的崛起就是其过程中的一个代表。

回顾历史，18世纪工业化初期产生了像伦敦这样的都市圈；在大规模工业化过程中产生了纽约；20世纪中期产生了东京——从这个世纪开始，我们会看到深港莞作为大都市群的崛起。

中央经济工作会议对于整个中国城市群的发展，特别是粤港澳大湾区给予了很高的关注度，这也是未来30~50年中国经济新的成长点。如何发展城市群，城市之间如何形成更紧密的关系，可能是我们面临的一个重大挑战。

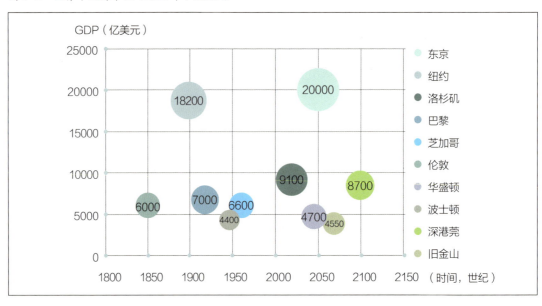

图3-5 世界十大都市区（2016年）及崛起

3.2.1 合理分工是城市群发展的关键

从经济学角度讲，"空间不可能定理"可能是城市群发展的关键理论依据。用一句话概括即：存在运输成本时，两个城市一定有不同的结构。因此城市群的发展政策要依据市场竞争实现城市分工，这是城市群做大做强的关键。

如东京都一都三县，中心区域2000平方公里的人口密度大概和深圳、香港相当。随着离中心区距离增大，人口下降的同时产业结构随之变化。中心区域如东京，制造业区位商只有0.5，到了

图 3-6 空间不可能定理

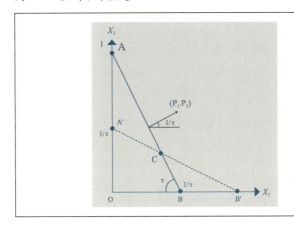

埼玉有1.18。东京最优势的产业——信息业的区位商为3.15，远超都市圈内的其他城市。

针对美国386个都市区进行统计，呈现与日本类似的结构。在前四大都市当中，信息业的区位商很高。

东京都与周边城市的行业首位度分布　　　　　　　　　　　　　　　　　　　　　　表 3-1

由上而下，东京都与周边城市的行业顺序分布		东京	埼玉	千叶	神奈川
制造业	事业单位数（家）	51.243	29.778	12.206	20.322
	区位商	0.50	1.18	0.74	0.90
医疗、福利	事业单位数（家）	39.004	16.034	13.419	22.418
	区位商	0.67	0.97	1.02	1.07
教育、学习支援行业	事业单位数（家）	16.281	8.795	6.591	10.512
	区位商	1.21	1.07	1.18	1.18
电力、煤气、热供应、自来水行业	事业单位数（家）	407	159	149	176
	区位商	0.98	0.73	0.93	0.71
住宿业、餐饮业服务业	事业单位数（家）	88.830	28.329	25.367	38.744
	区位商	1.00	0.95	1.11	1.08
运输业、邮递业	事业单位数（家）	16.703	6.816	5.391	7.432
	区位商	0.89	1.34	1.36	1.06
批发业、零售业	事业单位数（家）	156.492	58.455	48.449	68.699
	区位商	1.05	1.00	1.02	0.93
信息通信行业	事业单位数（家）	21.941	1.973	1.685	4.040
	区位商	3.15	0.36	0.46	1.12

续表

由上而下，东京都与周边城市的行业顺序分布		东京	埼玉	千叶	神奈川
金融业、保险业	事业单位数（家）	10.584	3.170	2.915	3.975
	区位商	1.62	0.81	0.84	0.72
房地产行业、物品租赁业	事业单位数（家）	58.776	18.046	13.184	29.532
	区位商	1.52	1.01	1.00	1.26
学术研究专业、技术服务业	事业单位数（家）	40.150	8.170	6.387	12.246
	区位商	1.63	0.79	0.79	1.32

资料来源：日本统计局历年统计年鉴。

美国城市间的分工与合作　　　　　　　　　　　　　　　　　　　　　　　　　表3-2

2001年均值（方差）	制造业	信息业	金融业	教育医疗	零售业
前四大都市	1.0144（0.0044）	1.2999（0.3318）	0.9744（0.0511）	0.8308（0.0180）	0.8441（0.0072）
大城市	0.9635（0.1843）	0.9603（0.1855）	1.0481（0.0529）	0.9729（0.0665）	1.0041（0.0276）
中城市	1.2208（0.4474）	0.6212（0.1065）	0.7719（0.0797）	1.1586（0.1512）	1.1796（0.0427）
小城市	1.3512（0.7289）	0.4608（0.0673）	0.6215（0.0580）	1.2564（0.2375）	1.3008（0.0879）
2015年均值（方差）	制造业	信息业	金融业	教育医疗	零售业
前四大都市	1.1210（0.0774）	1.8961（0.1337）	1.1048（0.1447）	0.8272（0.0231）	0.8389（0.0022）
大城市	0.9657（0.2772）	0.9113（0.2281）	1.0614（0.0707）	0.9854（0.0574）	1.0081（0.0477）
中城市	1.2967（0.6422）	0.5495（0.1048）	0.7734（0.0893）	1.1573（0.1773）	1.1655（0.0523）
小城市	1.4256（0.9260）	0.4014（0.0447）	0.5668（0.0561）	1.2734（0.2446）	1.3526（0.1012）

资料来源：美国商务局统计分析网站（www.bea.gov）。

国外城市群给我们的启示：①从就业岗位比例看，城市越大，计算机和数字类就业比例越高。②资源不一定要高度集中在大城市，例如中小城市的教育、医疗水平是有可能高于中心城市的。特大城市越来越以信息业为产业主题，或者叫软性制造业，这是未来的发展趋势。现在很多城市讲防止产业空心化，其实这个问题只有在行政区视角下才存在，从大尺度看是个伪命题（否则纽约和伦敦早就空心化了），城市产业结构发生重大变化时，它和区域空间一定会有关系，例如香港：香港更大的问题是与内地融合不够，而不是空心化。香港大量的人才集中在计算机和数字相关领域，这与美国大城市的情况具有相似性。未来要按不同的优势确定城市产业结构和区域分工关系。

图 3-7 城市规模与就业类型的关系（美国）
数据来源：Davis, D. R., & Dingel, J. I.（2020）. The comparative advantage of cities. Journal of International Economics, 123, 103291

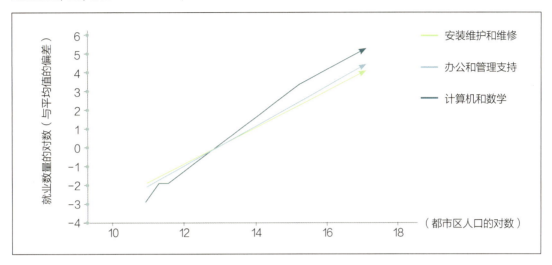

那么，如何促进城市群合理分工？一方面是市场化，打破行政边界，放开市场让要素自由流动；另一方面，为打破城市行政边界，必须推进大规模基础设施建设，包括硬的基础设施和软的基础设施，如未来5G时代的智慧城市群网络等。基础设施服从于政府规划，所以政府的规划引导作用非常重要。

3.2.2 大湾区创新强在技术发明，弱在科学发现

世界级城市群是以世界级创新中心城市为核心。创新在经济学中包含两个部分：一是科学发现；二是产业技术发明，即把发明成果引入商业应用领域，形成新的生产能力。前者常以一流的学术论文的发表作为度量，后者常以申请的专利作为度量。

根据世界知识产权组织的报告，深圳和香港的PCT申请5年滚动数量连续三年排在全球第二，仅次于世界第一的东京都市圈。跟在后面几位的是首尔、旧金山、京都都市圈。从国家尺度来看，创新能力前100的城市中，美国26个、中国16个、德国8个、英国4个、加拿大4个。

2017年全球国际专利申请数量，美国全球第一，不到6万件，中国从2007年的3000件提高到2017年的近5万件。按照预测，三年内中国的国际专利申请会超过美国，这也是中美贸易战的背景。中国创新能力的快速增长，不仅威胁到贸易平衡，也威胁到未来的科技主导权。日本创新水平仅次于中国。深圳的专利数在德国、韩国之上，是法国、英国、瑞士合起来的量级。

深圳的专利数从2014年第一次统计的331件，到目前占到全国的43.5%，北京、上海、广州合起来占全国25%。

图 3-8　世界各城市（群）5 年滚动 PCT 专利申请数量
数据来源：《WIPO2018 世界创新指数报告》

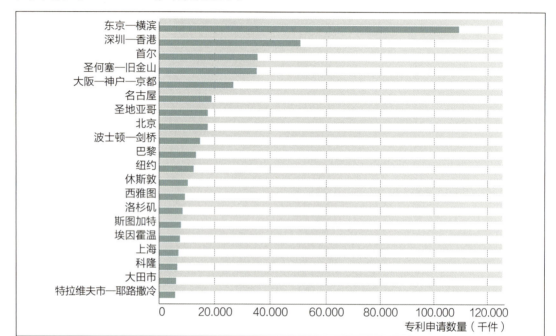

图 3-9　各国 PCT 专利数量的比较
数据来源：《WIPO2018 世界创新指数报告》

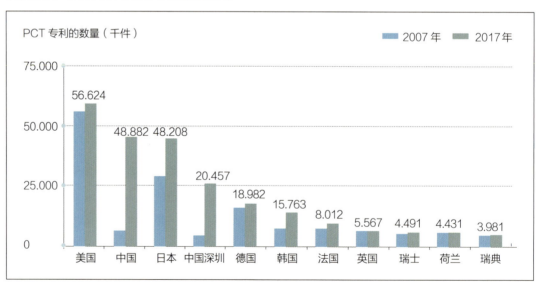

但从科学发现的视角，中国与国际高水平相比仍有较大差距。纽约是SCI期刊最集中的地方，是科学集聚、科学传播、科学发现的城市，北京、上海、台北3座城市SCI期刊总数仅为纽约的1/2。

分城市SCI期刊地理布局　　　表 3-3

城市	期刊数（个）	城市	期刊数（个）	城市	期刊数（个）	城市	期刊数（个）
纽约	545	帕洛阿尔托	42	海德堡	17	奥克兰	9
马尔登	507	贝塞斯达	35	慕尼黑	17	京都	9
牛津	297	巴黎	34	阿宾顿	16	莱顿	8
阿姆斯特丹	250	克莱尔	34	亚历山大	15	台北	8
伦敦	245	斯图加特	32	北京	14	华沙	7
费城	218	渥太华	28	洛杉矶	14	麦迪逊	7
多德雷赫特	117	奥克森	27	卡里	12	普罗维登斯	6
圣迭戈	113	芝加哥	27	爱丁堡	12	班加罗尔	6
华盛顿	97	洛桑	26	波士顿	12	博尔德	6
新泽西州	78	罗伦斯	22	圣保罗	12	德克萨斯州	6
巴塞尔	61	维也纳	21	新德罗谢尔	12	杜塔克	6
圣路易斯	55	柏林	19	新加坡	12	赫尔辛基	6
布里斯托尔	47	雷斯顿	19	维多利亚	11	克利夫兰	6
东京	47	耶拿	19	利兹	11	坎布里奇	5
剑桥	43	赫特福德	18	阿宾登	10	上海	3

资料来源：上海社会科学院《全球创新网络中的知识策源格局——基于3786种科学引文索引期刊分布的考察》。

科学发现也是粤港澳大湾区城市与国内高水平城市的差距。2018年，北京科学论文数量为20万、上海10万，北京、天津加起来计为京津冀科学论文数量，上海、南京、杭州、合肥、苏州加

图 3-10　2018年科学论文数量中的城市与城市群差距
数据来源：对《WIPO2018世界创新指数报告》数据挖掘

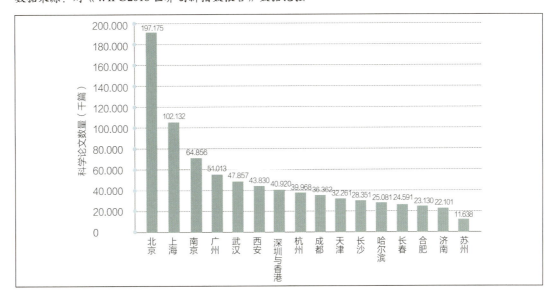

图 3-11 前 100 城市集群专利和论文数量
注：$y=-0.0027x^4+0.0802x^3-0.7689x^2+2.7438x+7.6068$（$r^2=0.25$）

起来计为长三角科学论文数量，可以看出，京津冀为24万，长三角为20万，粤港澳大湾区科学论文数量大概是上海的1/2，北京的1/4，其走向全球高端创新还有很长的路要走，未来的科学、大学、研究机构发明可能构成城市发展的主线。

假如把两个维度合起来，就可以看到粤港澳大湾区和东京的差距。东京是一个科学发现和产业技术创新的双重中心，而深港现在为制造中心，在目前的发展趋势下，要不断向综合创新中心靠拢，这是未来大湾区规划当中最重要的方向。

3.2.3 关于创新的3个原理

3.2.3.1 规范的市场竞争产生创新

市场竞争的程度和规范性决定了企业、区域和国家的创新能力。假如知识产权不受保护，就相当于知识产权没规范性，大家就不会创新。有的城市为什么不创新，第一是市场化不足，没有竞争；第二是知识产权没有受到好的保护，创新企业竞争不过"搭便车"的非创新企业。

例如从图3-12可以看出：印度与美国的差距不是好公司少而是差公司多，差公司可以持续生存的市场一定是竞争不充分、不规范的市场。印度最好的公司和美国最好的公司创新能力差别不大。美国这条曲线的尾巴很短，意味着大量的美国企业不依靠创新就无法存活，而大量的印度公司不需要创新仍可以存活，不会被市场淘汰，换言之，大量印度公司主动创新或被迫创新的动机不强。

假如要画一条中国的分布曲线，大概是介于印度和美国之间；假如要画一条深圳的分布曲线，一定介于中国和美国之间：这就是创新与市场竞争的程度和规范性的关系。

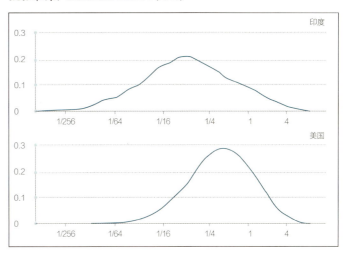

图 3-12　美国和印度全要素生产率差异的分布
数据来源：Hsieh and Klenow(2009)

3.2.3.2 越创新的城市就会越集聚创新资源

本次科技革命开始前，1975~1985年美国城市之间专利技术的差距不超过15%，现扩大到超过40%。越创新的城市就越集聚创新资源，越不创新的城市创新能力就越小，城市需要以创新带动创新、不断增强知识创新与知识汇聚能力。

图 3-13　科技革命后各规模城市专利数量的增长趋势
数据来源：Aaron Chatterji, Edward L. Glaeser, William R. Kerr: CLUSTERS OF ENTREPRENEURSHIP AND INNOVATION http://www.nber.org/papers/w19013

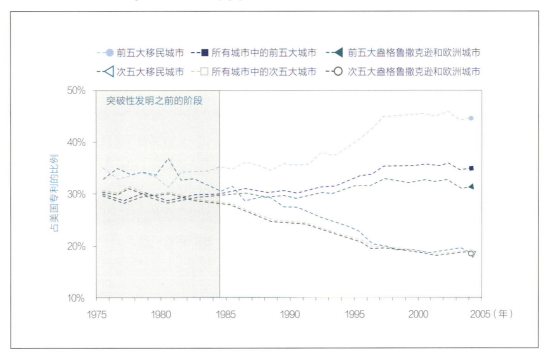

3.2.3.3 人口的流动是创新的基础

城市中创新企业的聚集带动创新人才的聚集。硅谷在1996~2015年，每年移入的外国移民为1万~2万人，同时自硅谷向美国国内其他地区移出的人口在1万人左右，也就是说，硅谷常年移入移出人口数之和占硅谷人口总数的1%左右。长期大规模的人口流动使硅谷的移民发展成为重要的人口组成部分之一。以2013年为例，硅谷当年外国出生人口占全部人口的36.8%，而同期加州和美国的这一比例只有26.9%和13.1%。

硅谷创新的集聚依托于移民或人口流动，我们看过了硅谷等世界级创新城市的成功，今天的深圳开始登上创新城市这一不同凡响的舞台，人口流动同样是重要的基础。

3.2.4 深圳创新发展的经验

深圳能够成功的经验为市场是主导、企业是主体、法治是基础、政府是保障。政府尊重市场选择，建立法治规范，以市场竞争为导向，以政府公共服务为保障，鼓励公平竞争，激励创新。在政府和市场相得益彰的基础上，迅速摆脱了传统的靠企业办社会的发展方式，形成了整体的分工。

深圳以民营经济为主体，是我国市场竞争程度最高的城市。上市公司占全国总数的8%，利润占全国总利润11%，收益最好。上市公司国有控股占20%，民营占70%，这就是深圳的企业结构。劳动力占比方面，国有企业员工占全部就业人员的4%。

深圳能成长到今天，是靠企业家和企业家精神，是深圳鼓励竞争所形成的强大的企业家群体。深圳是一个不热衷招商引资的城市，为什么能够持续增长？是企业家创造企业，100个企业会带动200个，200个带动400个……企业家创造企业家成为一种城市梦想。深圳目前为止千亿级的企业10余家，百亿级的企业1000家以上，十亿的企业10万家以上。深圳有400家上市公司，都是小公司，但加起来市值超过上海。

政府在深圳创新中同样发挥了重要作用。第一，政府"支持非共识创新"与"站在巨人肩上"。在支持之前，首先，一定对创新项目仔细评估。一方面确保是真正面向未来的创新，而不是已经成为共识的东西。另一方面是确认该创新是在前人的基础上进行的，而不是毫无基础。第二，政府支持战略性新兴产业，支持的方式类似于"湿地效应"。政府创造公平公开透明的政府规则，就像保持湿地环境的盐分恒定，以支持生态系统的发展，但不把自己的行动蔓延进企业的生存空间——湿地中是鱼吃虾、虾吃虫，还是虾把鱼吃了，政府不会干预。

3.2.5 结语

本部分探讨了两个话题，城市群的发展和创新。从世界的发展历程看，大城市群化是一个共同的趋势，粤港澳大湾区的崛起就是这个过程的一种表现。要做大做强城市群，必然要依靠城市间合理的分工与合作，而分工合作依赖于资本、人口等要素自然流动。如何处理好政府和市场的关系，以保障要素的流动将是城市群政策的方向。

以深圳为代表的粤港澳大湾区的技术发明已经可以追赶世界几大城市群，这得益于深圳规范而激烈的市场竞争、丰富的流动人口和企业家，以及政府的法制和政策保障，但同时我们也要意识到，粤港澳大湾区在科学发现方面还有很大的发展空间。

【作者：唐杰，深圳市原副市长、哈尔滨工业大学深圳研究生院教授；发表时间：2019年3月13日】

第4章
区域战略合作

4.1 构筑全球超级都会：规划（落子）广佛高质量发展融合试验区

4.1.1 自古同城：广佛自古地缘一体、文化同根同源奠定全球领先的同城基础

从历史渊源、交往密集度考量，广佛是一个全球领先的"同城地区"。

4.1.1.1 广佛同宗同源、自古同城

广佛两市同处广东省中部、珠三角腹地、珠江下游冲积平原，共同为广府文化发源地、兴盛地与传承地，文化上同根同源。秦汉时期，佛山市区域主要属南海郡番禺县，隋朝后至明朝主要属南海县，明朝后佛山市区域逐渐从广州番禺县划出，但仍在广州设衙署办公，是与广州唇齿相依的以"城–郭"形式共治的城市地区。

中华人民共和国成立后，佛山与广州地区的行政区划多次分分合合，但两地居民日常的密切交往从未断绝。20世纪80年代，广州"星期天工程师"助力佛山各类乡镇企业的发展，广佛两市技术与产业经济联系加强，构成"产业同城"；20世纪90年代开始，广佛公路沿线的黄岐、盐步镇开始承接来自广州的居住、商贸功能外溢，号称中山九路，广佛加强了"职住同城"的深化形态；2000年之后，由广州、佛山分别编制的战略规划提出"广佛都市圈"概念，以广州"西联"和佛山"东城"的"规划战略"形式进一步推动了广佛全面同城。

4.1.1.2 广佛人口交往频密，同城化基础全球领先

广佛是国内乃至世界上唯一的两座人口超过500万、共有人口接近2000万的超大城市地区，两市中心区相距仅15公里，产业经济活动联系密切，人员沟通交往十分密集。

2019年，诸多学者根据手机信令数据分析，提出广佛两市日均通勤出行量为51.2万~65.2万人次[1]，占广佛之间总出行量的40%，占两市通勤总量的4.5%~6%，且佛山居住、广州就业的通勤

---

[1] 不同研究学者的数据结论不同，广州市交通研究院研究结论为65.2万人次，中国城市规划设计研究院数字湾区研究结论为51.2万人次，同济大学研究结论为53.6万人次。

与反向通勤数量相当，呈现典型的双向特征。去除广佛两市微观功能区内部的通勤联系，跨市通勤的数值占广佛功能区间总通勤量的25%~26%左右，是全球联系最为紧密的都市圈之一[1]。

此外，广佛日均总跨境出行量超过163万人次，占广州对外出行总量的45%，占佛山对外出行总量的63%，接近广州主城区内部核心走廊水平。且广佛之间的交互交通量占广佛两市总交通量的74%~81%，过境交通占比仅为9%~15%，是整个粤港澳大湾区交通联系最为紧密的都市圈。

4.1.2 同城成就：两市政府主导协同治理提升同城化水平

2009年，广佛两市落实国务院出台的《珠江三角洲地区改革发展规划纲要》中"强化广州佛山同城效应"的要求，签署《广州市佛山市同城化建设合作协议》及两市城市规划、交通基础设施、产业协作、环境保护等4个合作协议，标志着广佛同城从民间自发同城交往迈向官方主导的系统性同城化。

图 4-1　广佛同城化十年历程一览

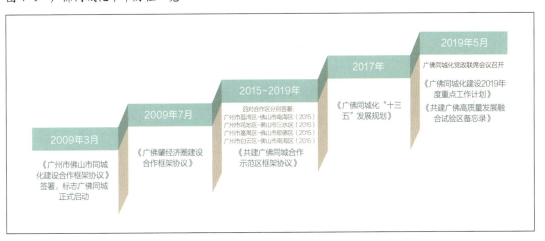

4.1.2.1　设施同城：以道路交通为先导，推进基础设施全面联通

从2009年广佛启动同城化至2019年底，两市衔接轨道建成1条、在建2条，衔接道路建成27条、在建6条，同城交通规划实施率超过60%。广佛两市逐步形成完整的交通一体化和网络化，由过去通过公路系统"两两轴向联系"向城市道路系统"网络联通"转变，互联交通覆盖率超过70%。整体上形成两市市区便捷链接两市机场、高铁站等枢纽港的交通设施布局，逐步形成以城际铁路为骨干，广佛快巴、广佛城巴、普通客运班线、广佛城际公共汽车为主体，出租汽车和其他方式为补充的城际公共客运交通体系。

1　东京都市圈跨功能区的跨市通勤量为26%左右。

4.1.2.2 产业同城：产业优势互补为基础，快速推进创新链、产业链协同

根据大数据对广佛两市工业制造行业相关性做分析，优势产业协作呈现多样化状态。在金融、汽车、家具家电等行业，形成"广州金融前端、佛山金融后台""广州整车、佛山汽配""广州设计、佛山制造"等产业深度协同格局。

根据企业信息化大数据，广州与佛山的绝对经济联系量相当于广州与珠三角经济联系量的一半，更是佛山与珠三角其他城市经济联系量的3倍。而比较企业的"总部-分支"联系，广佛两市在彼此设立"总部-分支"机构的企业超过2500家，不论数量和密度均位居全国第一，超过上海-苏州、广州-深圳的联系。

图4-2 长三角、珠三角企业总部–分支联系数量排行示意图
资料来源：中国城市规划设计研究院深圳分院《广佛高质量发展融合试验区发展策略规划》

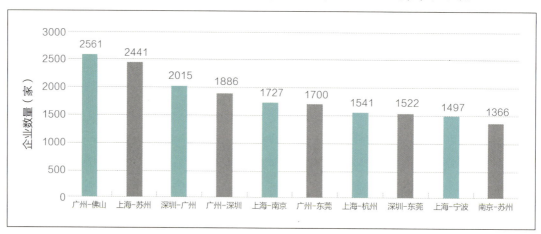

4.1.2.3 治理同城，以政务互通为目标，不断深化行政政务办理同城化

2009年，广佛同城化战略提出后，广佛两市率先在全国推行市长联席会议制度，通过定期召开联席会议、落实4个专责小组、市长互访、举办各类论坛的形式推进各类同城项目建设，促进广佛同城化治理层面的示范。

在市级层面的治理协同之外，区县镇层面的同城治理也在广泛开展。2017~2019年两年内，佛山市南海区先后与广州市白云、花都、番禺和南沙4区开通政务服务跨城通办，成为与广州市合作区域数量最多、范围最广的地区。广州北部白云区和花都区与相邻的三水区、广州南部番禺区和南沙区与相邻的佛山市顺德区，自2017年起也先后开通政务服务跨城通办。各区跨城通办行政审批事项数量不断增加，合作区域不断外扩。政务互通推进打破广佛地域界限和行政壁垒，进一步加深同城化程度。

图 4-3 广佛联席会议制度框架示意图
资料来源：中国城市规划设计研究院深圳分院《广佛高质量发展融合试验区发展策略规划》

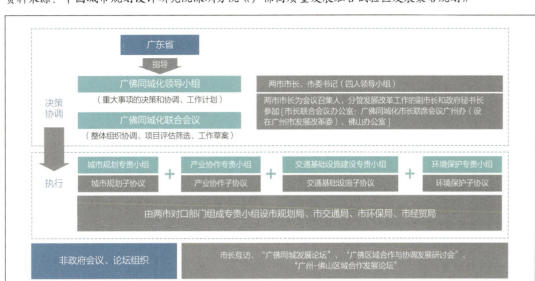

4.1.3 同城问题：两市行政区划调整和事权差异，导致行政壁垒仍然明显

4.1.3.1 行政区划导致平行发展

广佛两市在过去20年"撤市设区""撤县设区"的行政区划调整影响下，市级"自上而下"配置空间资源的方式，促成广州、佛山两市分别集中向各自新拓展的市辖区拓展城市功能，导致两市均向南拓展的"平行发展"总体格局。如广州集中力量发展"花都—南沙"的南北城市轴，佛山全力打造"佛山新城"形成"南海—禅城—顺德"的南北发展轴，为东西相向的同城化发展带来巨大挑战。

广佛197公里长的边界地区，广佛同城化集中在荔湾与佛山南海之间，其他地区的同城化联系均较弱，形成了行政的阻碍效应——"边界墙"。

4.1.3.2 事权不平衡导致相向发展乏力

广佛边界地区涉及经济实力及行政事权差异巨大的两市八区一个管委会（广州市番禺区、荔湾区、白云区、花都区、南沙区；佛山市南海区、顺德区、三水区、三龙湾高端创新集聚区管委会），其中，佛山由于长期"自下而上"的发展模式，区级主导建设的力量比广州各区要强，导致要素联通的协作层级与事权审批层级不匹配，大大延缓了两市协作的效率，客观上导致了相向发展乏力的困境。

4.1.4 再推同城：谋划融合试验区，推进广佛两市全域全要素同城

4.1.4.1 谋划"1+4"融合试验区，全面落实广佛全域同城新战略

全面落实《湾区纲要》提出应"发挥（广佛）强强联合的引领带动作用"，以及广东省第十二届九次全会上省委省政府提出"加快广佛全域同城化"的要求，广佛两市在两市边界地区，划定同城阶段差异显著的5个试验区，共629平方公里，以不同阶段、不同类型融合试验区的发展，全面试验推进广佛全域同城的目标。

其中，5个试验区包含1个先导区和4个试验区：1个先导区是指"广州南站—佛山三龙湾—广州荔湾海龙"先导试验区，先行启动、重点建设，与前海、南沙、横琴等自贸区共同成为粤港澳大湾区核心发展平台；4个试验区是指"南沙—顺德""荔湾—南海""白云—南海""花都—三水"4个试验区，试验差异化的区域协同治理模式。

4.1.4.2 高质量建设融合试验区，共塑广佛全球超级都会新理想

遴选的"1+4"广佛高质量融合试验区要遵循"创新、协调、绿色、开放、共享"的五大发展理念，建设"全国都市圈治理与协同发展新典范、粤港澳世界级湾区创新开放新高地、广佛高品质岭南理想人居新标杆"，最终建成大湾区全球超级都会的先行试验区，代表国家区域治理与区域协同的试验田，引领粤港澳大湾区建设国际一流湾区、世界级城市群的重要支撑。

其中，试验区的建设要遵循"长板理论"和"优势链接"的规划思想，通过从生态资源、交通设施、创新产业、古今文化、社会管制等要素的融合入手，深化推进广佛全域同城化，最终形成"一带、一网、一极"广佛超级都会区的空间结构。具体而言，"一带"指依托珠江水网，通过碧道、绿道、古驿道等基础设施建设链接两市各类文化生态资源，共建广佛中央公园，形成通山达湾的广佛超级生态文化带；一网是面向未来智能化产业革命，链接广佛两地创新优势、整合创新资源、完善创新产业链条，融入大湾区国际科技创新网；一极是指由广州南站—佛山三龙湾—广州荔湾海龙先导区为核心，与原广州中心区、佛山中心区、白鹅潭中心商务区等中心节点，共同构成广佛全球超级都会新都心。

【作者：孙婷，中国城市规划设计研究院深圳分院创新空间规划设计研究所，主任工程师；发表时间：2020年5月20日，本部分文字由作者在公众号文章基础上进行了修改完善】

4.2 粤港合作先锋：罗湖口岸的三个愿景

罗湖口岸片区与香港新界一河之隔，从晚清最早的广九通关口岸，到改革开放的起点，罗湖口岸片区沉淀了百年粤港交往、40年改革开放的历史印迹。它与香港空间相接、轨道相连、民心相通，承载着频密的深港生活，具有难以替代的粤港合作的基础。

如今，虽然罗湖口岸的"唯一性"已经被稀释，片区也面临着门户功能弱化、城区衰败的问题，但其深港枢纽、深港生活、消费优势在国家推动粤港澳大湾区发展的背景下仍然具有独特的价值。罗湖口岸片区的规划设计，不能仅仅是物理空间的思考，更要研究片区的湾区战略价值以及未来粤港两地社会对接融通、深港双城生活的可能性。

4.2.1 愿景一：深港榫卯——粤港深度合作的先锋城区

4.2.1.1 重返罗湖再开放，构建粤港深度合作平台

《湾区纲要》提出："充分发挥粤港澳综合优势，深化内地与港澳合作，共建粤港澳合作发展平台"。湾区要素的充分流动、粤港澳优势整合的能量释放，不仅需要基础设施的联通，更需要三地社会文化的对接、协作机制的创新。

合作的前提是价值共识，其本质是取长补短、共赢互利。我们要思考香港制度标准和内地结合可能产生的社会价值，香港国际标准的服务和治理如何能再次引发、推动新一轮的中国深化改革；而另一方面，则需要考虑罗湖口岸片区能为香港提供怎样的价值，为港人带来怎样的便利。依托有利的基础条件以及香港飞地的契机，我们也许能够做一些细微、具体的安排，在这个片区重新探索体制机制创新，营建粤港深度合作的平台，演绎出粤港融通的新篇章。

4.2.1.2 粤港服务合作：双向开放、双向服务

2018年博鳌论坛上，香港特首林郑月娥提出香港将积极促进现有的医疗、教育等优势产业落户大湾区。从香港方面来看，新界北部存在大量的工作岗位缺口，港人对罗湖有服务消费的需求（从罗湖商业城大量的裁缝店、粤剧馆等可见一斑）；而从深圳河对岸来看，内地人士前往香港除了购物外，跨境医疗服务消费、文化休闲消费的份额近年来不断攀升。

深港从金融合作（前海）、科技合作（河套）到服务合作（罗湖），结合两地需求与优势资源，在罗湖口岸片区创建新型的粤港服务合作平台，将能释放出两地优势资源整合的巨大能量。

这一平台的主要服务内涵将不再是过去的商品型消费，而是城市服务型消费；不再是单向为香港提供服务，而是形成"双向开放、双向服务"新格局。

4.2.1.3 "深港榫卯"，三个特别政策区

我们建议可以结合香港小河套飞地，探讨特别制度设计的可行性，设立三个特别政策区。

图4-4 三个特别政策区空间示意

特别政策区A约9.5公顷，100%为香港飞地，建设为医疗城。它是香港医疗服务内地的平台，满足内地人士、境外人士的高标准医疗服务需求，也为在深港人提供便利的福利医疗保障。这里执行香港标准、香港法律（可以理解为香港的境外辖区），口岸政策上可以采取港人和内地人士只需办理离境手续后即可进入的简便通关措施（无需签注、无需办理入境）。

特别政策区B约15.5公顷，约含20%香港飞地，建设为教育城。它是香港教育服务内地的平台，采用香港标准，由深圳执法，也是深圳提升城市治理标准的改革开放新前沿。口岸政策上可以借鉴中英街模式，甚至采用更简便的通关方式，深港两地居民持身份证件即可进入（不可穿越，货物严格管制），使之成为两地人员自由交互的平台。

特别政策区C为深圳河自贸区，沿深圳河依托福田、皇岗、罗湖、文锦渡、莲塘等多个口岸，争取自贸区政策，深港协同建设"大口岸经济带"、促进在更大范围实现深港就业、生活的互动。

这三个特别政策区的设想旨在使"一国两制"空间卯连榫接，引入高标准香港服务，提升内地服务品质以及城市治理品质，同时也推动粤港社会融通，为港人提供相对亲近的发展空间与工作机会。

4.2.2 愿景二：粤港枢轴——站城一体都市

4.2.2.1 罗湖枢纽再出发

一座枢纽一座城，昔日的交通枢纽成就了罗湖的辉煌，而如今的城区魅力消退也和门户枢纽功能弱化息息相关。广九铁路走廊串联着粤港许多中心城镇，在粤港澳大湾区互联互通的新格局中，重新实现罗湖枢纽的湾区价值，将能推动粤港传统中脊以及沿线中心城镇的再发展。

4.2.2.2 粤港枢轴

铁路枢纽的重新定位是一项复杂的系统研究工作和沟通过程，需要从枢纽体系分工、线路接入

条件、铁路改造、站房改造可能性、区域发展需求等诸多因素进行综合考量。经过研究我们以"粤港枢轴"为总体定位，提升罗湖枢纽为集铁路、城际、城轨及口岸于一体的粤港复合型枢纽。它包含三方面的内涵：

粤港城际主枢纽。新增联络线连接深惠、中深惠城际，对接湾区城际网络。

深港高铁枢纽。转移普速功能至深圳东站，将深圳站提升为服务深圳和香港两地的高铁枢纽。扩容广深铁路，连接厦深、深汕、赣深高铁；南向接入广深港高铁，作为粤港高铁的第二通道。

深港城轨轴心。引入香港东铁车站并建设一地两检口岸，接入地铁17号、11号线，整合深港城市轨道服务。

4.2.2.3　营造枢纽站城都市

我们希望罗湖枢纽是一个延续历史、引领未来、充满人性关怀的枢纽站城，它不仅是连接粤港交通的枢纽，融合深港生活的枢纽，还是融汇城市与自然的景观枢纽。

为解决车站东西广场联系不畅等问题，我们提出串联东西的中庭重组枢纽交通流线，将各种人流动线汇聚一堂，使换乘更加便捷高效、一目了然。由中庭可登上枢纽屋顶公园，北向可看罗湖都会，南向可揽香港山水。通过周边商业的改建和开发，文化区和枢纽屋顶公园的营造，使枢纽成为深港双城活力洋溢的站城一体都市。

由于火车站停运改造的可能性极小，建设地下火车站几乎不可能。我们选择了在原有车站基础上拓建的方式，借鉴日本经验，设计一套东西腾挪、滚动更新的方案。

4.2.3　愿景三：经络再生——万象消费之都

在深圳重心西移的背景下，实现罗湖口岸片区的复兴，将能推动深圳（乃至湾区）空间发展东西两翼的再平衡。多样性和宜人性是罗湖特质，罗湖口岸片区建设多元融合、高质量发展的人性都市先行区，树立存量时代高品质发展的典范，具有湾区城市发展价值导向的意义。

方案以经络再生为理念，通过公共空间优化提升来激发城市的自发性更新，让社会、市场的力量主导城市再生。通过人民南路消费脉、广深铁路创新绿脉以及沿深圳河的深港服务合作带，激发片区的整体转型与复兴。

活化利用广深铁路、和平路、建设路沿线绿地，营建连接洪湖公园至深圳站的创新绿脉。通过高架慢行网络打破现有交通分割，营造可游、可赏的绿色风景长廊。将绿脉风景引入两侧街区，促进两侧建筑的创新转型，形成对标纽约硅巷的都市创新长廊。

重塑人民南路为连接东门与枢纽的时尚消费脉。缩减车行道，植入文化艺术设施，营造高品质的人文街道空间，激活三维立体消费网络。重点改造国贸商圈，以大型高品质商业综合体为触媒，建设时尚消费中心，重新定义人民南路形象。

延续片区的多样空间、多元人群和紧密街区的都市精神，提升完善商业街网，培育多元化的消费业态，引入消费节庆与城市活动，激发持续的城市活力。未来的罗湖口岸片区将是由商业街网、大型商业综合体、文化商业街区、国际服务消费集群等多元消费体验汇集而成的万象消费都会。

期待罗湖口岸片区可以再现熙攘魅力的消费街市，成为激情创新、多元人性的活力都会，演绎出粤港融通、深港互动的新篇章，成为粤港澳大湾区深度合作发展的先锋。

【作者：何斌，中国城市规划设计研究院深圳分院规划研究中心，主任；发表时间：2019年4月10日】

4.3 珠澳多元产业图谱：大湾区"第三极"的选择

4.3.1 城市"排位赛"中的珠澳

在粤港澳大湾区现状的产业发展格局中，城市"排位赛"已现端倪：科技创新引领经济增长和实力发展成为共识，广深港澳科技创新走廊相关的深圳、广州和东莞在大湾区的引擎作用格外引人关注；制造业作为实体经济的地位和发展基础更加巩固，佛山、中山、惠州等城市的制造业面临深度转型和科技创新的融合；金融服务业作为实体经济的支持，"一带一路"的金融服务国际化面临着机遇和挑战，香港作为国际金融中心的地位需要睿智地面对国内市场和国际市场的不同制度环境。消费经济在需求升级的背景下如何融入大湾区的主流经济，珠海和澳门能否抓住机会，直面国际需求和国内消费升级，担当消费供给侧改革的重任，并由此促进创新型制造业的发展，完成大湾区要素配置的"第三极"。

4.3.2 珠澳 1.0：文化 + 旅游 + 消费

珠海资源要素丰富，山海城田有机统一，在大湾区"9+2"城市中最具发展基础所需的资源供给条件。供给优势的多样性，使珠海具备多种发展的可能性，在经历了农/轻/重时代的"港业重产""创新制造"产业发展后，珠海一直秉承朴素的生态观，富于特色的自然风景和人文景观等风景名胜旅游资源，凸显了在旅/居/商时代山海城田自然资源的珍贵，为其发展文化+旅游+消费产业提供了基础可能性。

澳门有着特色的建筑风光，历史城区的发展和山地城市的特征完美结合，使其成为国际旅游目的地城市。

粤港澳大湾区经济是当今全球经济的增长极与技术变革领头羊，全球60%的经济总量集中在入海口，世界上70%的工业资本和人口集中在距海岸100公里的海岸带地区。一流大湾区构成的产业图谱包括国际服务、科技创新、旅游消费、物流枢纽等功能产业，成为大湾区新产业空间标志性产业类型，其中以体验经济为主体的旅游消费是后工业化时代大湾区发展非常重要的环节，相关地区应该成为未来发展重要的关键控制节点。

一流湾区四大核心功能和新产业空间　　　　　　　　　　　　　　　　表 4-1

地区	硅谷	洛杉矶	东京	筑波科学城	纽约	奥兰多
功能	全球科创中心	全球文化、娱乐消费中心	世界金融中心	创新中心	全球金融、文化消费中心	娱乐休闲消费中心
国际服务		贸易：洛杉矶港与副港长滩	新宿、横滨国际港湾、国际交流职能		曼哈顿、联合国城	奥兰多会展中心
科技创新	斯坦福大学工业园、硅谷	加州大学洛杉矶分校	新产业都市、工业卫星城	筑波大学、高能量加速器研究机构	硅巷	奥兰多高科技走廊
旅游消费		好莱坞、迪士尼、威尼斯海滩	东京迪士尼		百老汇、纽约中央公园	奥兰多迪士尼、环球影城
物流枢纽		洛杉矶机场、安大略国际机场	羽田机场、成田机场、新宿枢纽		肯尼迪机场	奥兰多国际机场

与消费旅游、绿色发展有关联的主题公园、旅游度假区、博彩度假区，是大湾区发展或者都市发展非常重要的推动力量，并以此为促媒推动湾区文化、消费、创新的新一轮转型，实现城市化下半场的高质量发展。

通过对珠海长隆国际海洋度假区建设运营与珠海机场客流量关系分析发现，2012年珠海机场客运吞吐量为200万人次，长隆2014年初开始试营，珠海的客运吞吐量增速放大，到2018年突破1000万人次，年均增长率为28%。一个主题公园，在带来游客量增长的同时，也增加了机场商务性客流量级。

图 4-5　珠海机场客运吞吐量与旅游客流的关系
数据来源：《珠海空港经济区发展总体规划研究》

借鉴国际经验，在建设珠澳十字门国际文化大都会核心区的同时，大型消费空间可逐渐从核心区分离，在大都市核心30~50公里外布局建设。空间类型上，在城市外部结合重大体育赛事、博览会的大事件预留区和主题公园群，打造大湾区第三极——绿色主题湾区。结合珠海拥有冲积海湾潟湖、湾区海岸、众多岛屿等自然景观资源，提出珠澳"文化+旅游+消费"发展的1.0版空间布局，共同构成文化旅游消费产业链的发展环节。

4.3.3　珠澳2.0：国家重器+制造

珠澳核心城市的能级规模是区域引擎功能实现的关键，要推动珠澳1.0：文化+旅游+消费为创新产业发展促媒，使珠澳地区积极融入新一轮创新经济的发展大潮。如同互联网发展为美国再工业化创造了条件，创新经济时代的定律"没有风景的地方就没有创新经济"也一定适应珠澳地区的发展。

4.3.3.1　双港物流

双港物流在更具吸引力开放旅游带动下，对创新创业链进行两个方面的整合：一是国企枢纽，提供更加独特的纵向产业链发展，实现枢纽服务的升级；二是公共枢纽，通过开放带动旅游的发展，从而推动服务业和旅游业对制造业产业链的整合，从而推动制造业的发展。

4.3.3.2　制造产业

珠海做大实体经济已具三个基础条件：一是航空制造。通用飞机项目和航空产业园已落定珠海，珠海与中国航空工业集团签订了《关于发展航空产业的战略合作协议》，建设通用飞机制造基

图 4-6　双港发展与产业关系

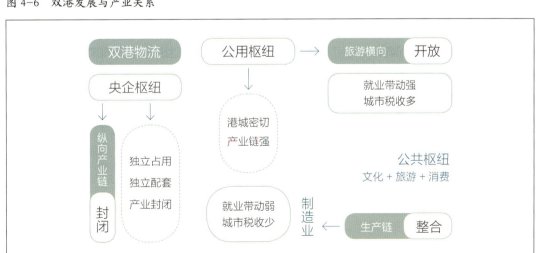

地。二是临港重化。南海天然气陆上终端项目液化天然气珠海接收站项目已经投资，与金湾液化天然气珠海接收站、壳牌润滑油、中石油珠海物流仓储工程等项目一起将使珠海成为区域石油流通枢纽和交易中心。三是海洋工程装备制造业。由于南海石油建设的需要，珠海未来海洋工程装备制造业发展获得了机会，包括三一重工和中联重科等企业都进驻建设。四是高新技术产业。在以上产业发展需求和升级的推动下，积极发展高端家用电器制造、电子信息制造、集成电路设计、计算机软件等产业。

基于此，珠澳"国家重器+制造"2.0版的产业发展要考虑海洋装备、航空产业、高新技术产业、石油化工等产业的布局。

4.3.3.3 澳门多元产业发展

通过珠澳地区产业能级提升，澳门将改变单一化产业"挤出"效益实现新的产业"集聚"效益，形成横向的产业经济链扩展和纵向服务经济链提升，加快推动澳门地区的产业多元化发展。

图 4-7 从"挤出"效益走向"集聚"效益

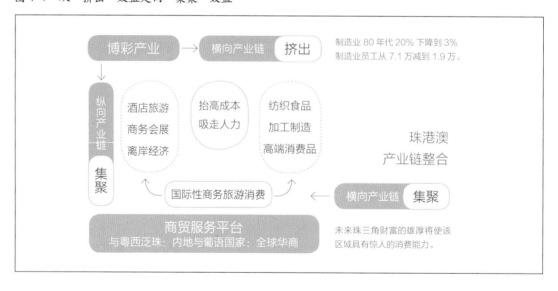

4.3.4 小结：整合多元产业图谱

对珠澳东部地区和西部地区的战略资源及其产业分工进行整合，提出多元产业图谱的思考，为高能级城市发展提供路径。珠澳要在未来创造更大的发展机会，应转变传统的从生产城市到消费城市前因后果关系，以旅游消费带动实体产业发展，真正成为粤港澳大湾区第三极，支撑粤港澳成为全球最具特色的大湾区。

珠澳全产业图谱愿景 表4-2

东部			西部		
战略资源	服务经济	产业细分	产业促进元素	现代新兴产业	战略资源
港珠澳大桥、横琴合作经济区、东部海滨资源	口岸经济	会展	生产性服务业	海洋工程、能源化工	国家南海战略、国家航空战略
		商务			
		博览			
		交易			
		金融			
重大事件策划、现有旅游资源	体验经济	娱乐	技术创新平台	海洋生物、航空产业	"双港"引擎、战略新兴产业
		旅游			
		休闲			
		度假			
		赛事			
大学教研资源、国家园区品牌、资源环境独特、便捷的对外交通	创意经济	研发	综合性服务业	港口物流、加工制造	先进制造、现有旅游资源
		设计			
		动漫			
		影视			
		软件			

【作者：范钟铭，中国城市规划设计研究院深圳分院常务副院长；发表时间：2019年3月27日】
（注：本节根据范钟铭先生2019年1月在"中国城市规划学会区域规划与城市经济学术委员会年会"中的演讲整理；
整理者：刘菁，中国城市规划设计研究院深圳分院规划研究中心，城市规划师）

第 5 章
深圳 40 周年

5.1 特区 40 周年：从深圳到深圳都市圈

2020年是深圳特区成立40周年。过去，深圳城市发展迭代升级，从快速奠定全国经济中心地位到向全球标杆城市迈进。如今，深圳在"三区叠加"（深圳特区、粤港澳大湾区、社会主义先行示范区）的光环下，肩负着以核心功能驱动都市圈全面发展的重要使命。

都市圈是城市群内部以超大、特大城市或辐射带动功能强大的城市为中心、以1小时通勤圈为基本范围的城镇化空间形态。深圳都市圈位于大湾区东部，包括深圳、东莞、惠州三市全域及汕尾、河源两市的都市区部分。

5.1.1 都市圈之核：深圳特区辐射带动力持续提升

深圳经济特区成立以来，迅速发展，实现了从国内一线城市到全球一线城市、从经济特区到先行示范区、从自身发展到区域引领的一系列重要跨越，为今日深圳都市圈的成型孕育了强大动能。

从奠定全国经济中心地位到向全球标杆城市迈进，深圳城市发展快速迭代升级。深圳从经济先锋走向全面示范，从追赶时代走向引领时代。伴随着产业升级迭代以及产能加速扩张，深圳产业布局逐步从原特区集中规划建设的十几个小型工业区走向更大范围。

5.1.2 都市圈之像：市场导向下深圳都市圈逐步成型

市场导向下深圳都市圈逐步成型，生态圈、通勤圈、产业圈、创新圈为深圳都市圈描绘出一个地缘相接、人文相亲、要素高度密集联系的生动图景。

5.1.2.1 生态圈

深圳都市圈拥有良好的生态环境和丰富的自然资源，生态共同体命脉相连。

水脉相连。深圳都市圈五市同属东江流域，深圳、东莞两市水资源超过70%来自东江，东江流域水安全保障提升工程建设正在有序推进。

山体相依。九连山脉、罗浮山脉、莲花山脉等连绵山体,为都市圈五市构筑起共同的区域生态屏障。

5.1.2.2 通勤圈

城际流动活跃,每天60万[1]人次跨城通勤。人才吸引力足,"来了就是深圳人""新莞人"等极具包容性的城市文化,每年吸引数十万逐梦者,深圳都市圈集聚了全省28.5%、将近3300万的人口。[2]

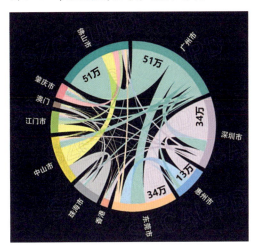

图 5-1 粤港澳大湾区跨界通勤联系图

2019年深圳都市圈新增常住人口达56万人,广东全省1/3的新增人口汇聚于此。2019年度中国城市活力研究报告中,深圳蝉联全国第一,东莞位居第四[3],其人口吸引力可见一斑。

城际流动强。深圳都市圈城际间通勤往来密切,深莞惠三市每日城际出行量超百万人次,跨界通勤总量达到了60万级。城际两两间通勤规模在全国三大城市群前十位中占据3席[4],深莞之间日均跨界通勤人次达到34万,深惠、莞惠之间的跨界通勤人员也在13万人次以上。

边界地区跨界通勤活跃。临深地区是跨界通勤主要集中发生地,边界地区形成多个跨市通勤组团。深圳宝安—东莞西南组团、深圳龙岗—东莞东南组团、深圳坪山—惠州惠阳等区域日均跨界通勤人流量达到2.5万人以上,其中深圳松岗街道与东莞长安镇、深圳平湖街道与东莞凤岗镇跨界双向通勤更是单日达5万人次。

5.1.2.3 产业圈

制造业一体化,手机产量占全国总量近50%[5]。

经济体量巨大。2019年,深圳都市圈的经济总量达4.27万亿,占全省比重近40%。都市圈人均GDP 13万元,是全省人均水平的1.4倍,是全国人均水平的1.8倍。

市场活力强。深圳都市圈市场主体总量达552.87万户,平均每千人拥有市场主体168户。2019年都市圈新增市场主体75.8万户,日均新设2076户,创业密度与创业活力居于全国前列。[6]

---

1 文中的通勤规模数据均来源于电信手机信令、百度慧眼 LBS 数据等多源数据综合校核,下文不再逐个说明。
2 各地区统计年鉴,下文除通勤数据外,无特殊说明的数据均来自各地区统计年鉴。
3 百度地图慧眼,《2019年度中国城市活力研究报告》。
4 京津冀、长三角、粤港澳大湾区三大城市群城际两两间通勤规模前十位分别为广州—佛山、深圳—东莞、北京—廊坊、上海—苏州、深圳—惠州、广州—深圳、北京—保定、杭州—嘉兴、常州—无锡、苏州—无锡。
5 第四次全国经济普查主要数据公报、各市第四次全国经济普查主要数据公报。
6 各市商事主体统计报表。

图 5-2 深莞惠跨市通勤联系图

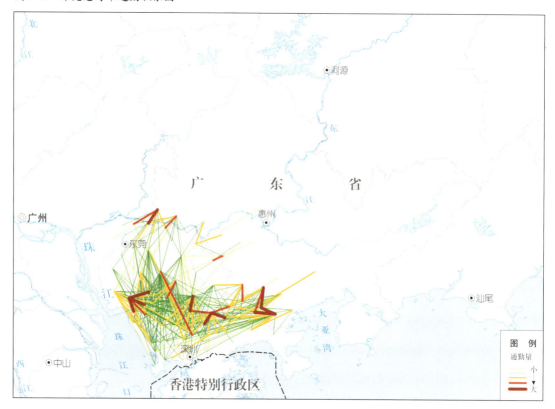

图 5-3 国内主要都市圈经济体量及人口总量

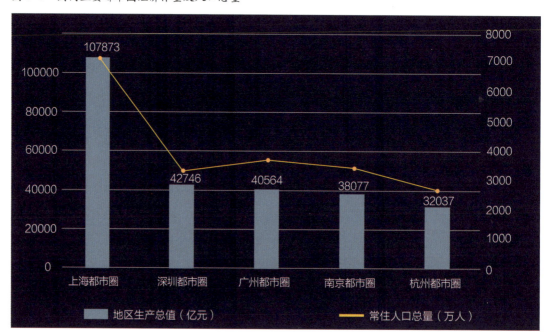

图 5-4 2019年珠三角与河源、汕尾新增企业分布密度
数据来源：中国工商注册企业数据库

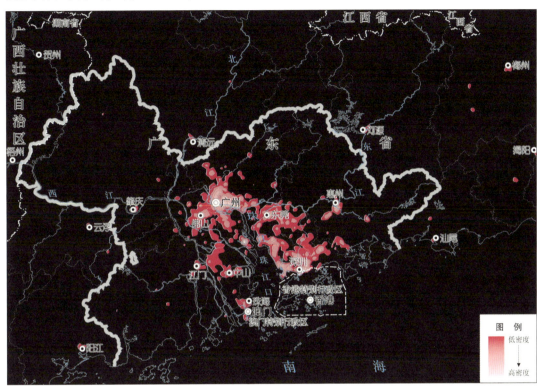

产业链完整。深圳都市圈形成了世界级电子信息产业集群，拥有全球最完整的3C产业链。大量产业联系密切的电子信息产业企业在深莞惠集聚，初步形成总部在深圳，研发在东莞或惠州，组装制造在惠州、汕尾、河源的区域分工格局。尤其是手机通信设备行业，集聚了华为、中兴、富士康、VIVO、OPPO等一批高科技企业。深圳都市圈的年手机产量达7.58亿台，达到全省产量的98%以上，[1]几乎占全国年手机产量的一半。

企业联系紧密。基于企业投资联系分析，发现粤港澳大湾区的企业联系逐渐呈现以广州、深圳为核心的"廊道化+网络化"格局，其中深莞惠地区的关联网络明显高于广佛肇地区，深圳都市圈企业内部联系占全省所有联系的20%，深圳与东莞、惠州、汕尾、河源的企业联系占深圳所有对外分支机构联系的40%以上。[2]

5.1.2.4 创新圈

深圳都市圈创新转化速度全球领先，每天诞生1000个以上的专利申请。

科技创新活跃。深圳都市圈深入实施创新驱动发展战略，取得了丰硕成果，2019年，深圳都市圈专利申请量达到37.5万件，专利授权量达到24.7万件，占比均达到全省的46%以上。

---

1 广东省第四次全国经济普查主要数据公报、各市第四次全国经济普查主要数据公报。
2 根据中国工商注册企业数据库数据测算。

图 5-5 截至 2019 年珠三角与河源、汕尾计算机、通信和其他电子设备制造业企业分布密度
数据来源：中国工商注册企业数据库

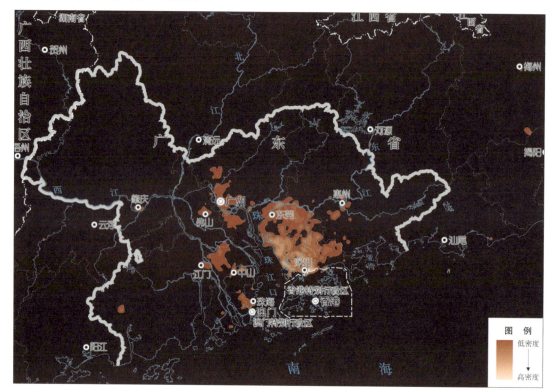

创新生态系统完备。深圳都市圈逐步形成从研发—创新转化—生产制造的高新技术产业协作分工模式，其背后的原因，正如张五常先生所说，深圳之所以强大，是因为有着东莞、惠州这样的世界工厂的支撑[1]。

创新转化速度全球领先。根据麦肯锡的相关研究报告，深圳拥有2000多家电子元件和产品制造商、100多家电器配件和设备生产商。与企业在内部将构想转化为产品原型所需的时间相比，深圳的设计公司完成同样任务最快只需要其1/5的时间，成本可降低50%[2]。

---

1 引自张五常先生在 2019 年"大湾区与深圳的未来"高峰论坛上的发言报告——《深圳是个现象吗？》
2 麦肯锡全球研究院，《中国创新的全球效应》，2015 年。

图 5-6 截至 2019 年珠三角与河源、汕尾企业专利分布密度
数据来源：中国工商注册企业数据库

5.1.3 都市圈之魂：深圳都市圈的价值认知

5.1.3.1 用"减法"做"加法"

深圳市都市圈是深圳破解空间资源约束和疏解非核心功能的突破口。深圳经济总量和人口规模在持续增长，而土地空间相对不足，明显成为深圳发展的"阿喀琉斯之踵"。回顾"十二五"期间的"腾笼换鸟"，虽然为深圳发展带来"阵痛"，但也得以让深圳的新一代信息技术产业走到了世界科技创新的前列。顺应城市发展规律，构建深圳都市圈，加速区域功能和产业统筹布局优化，推动深圳的非核心功能向周边区域疏解，对深圳核心功能向更高水平的发展阶段迈进具有重要的现实意义。

5.1.3.2 从 90°扇面到 180°扇面

深圳市都市圈是发挥深圳核心引擎作用的主要平台。将深圳都市圈划分为3个圈层，与东京首都圈进行对比，可以发现深圳都市圈发展不均衡不充分态势明显。深圳都市圈第一圈层经济总量是东京首都圈第一圈层的50%，第二圈层是东京首都圈第二圈层的25%，第三圈层是东京首都圈第三圈层的10%。

图 5-7 东京首都圈及深圳都市圈圈层划分示意图

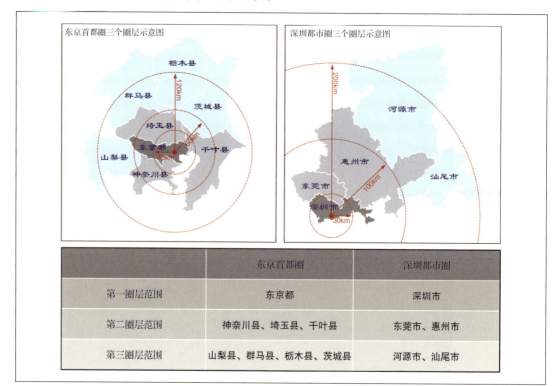

在当前以国内大循环为主体的发展新格局下，城市竞争某种程度上是腹地的竞争，构建深圳都市圈，将强化深圳的引擎作用，带动第二、第三圈层的发展，破解区域发展不平衡问题。

同时，根据现有的研究，深圳与珠海、中山的联系不断强化，珠海、中山也已先后提出建设深珠合作区、深中合作区。随着珠江口跨江通道的建设完善，深圳对珠江西岸的辐射带动作用将进一步扩大。由此，行政调控作用下以深圳为中心的90°扇面，将在市场力量下拓展至180°扇面。

以深圳为中心辐射粤东及珠西的区域协调发展，将助力粤港澳大湾区乃至整个广东省的空间结构优化，提升区域整体竞争力。

5.1.3.3　1+4＞5

深圳市都市圈是深圳建设全球科创中心的重要载体。"深圳将会超越硅谷，硅谷没有一个像东莞水平的工业区。"[1]张五常先生对深圳的乐观判断让这座年轻的城市沸腾。但在新冠肺炎疫情、"逆全球化"思潮、科技脱钩不断升级的当前，以深圳和东莞为核心的世界级电子信息产业发展面临多维度冲击。守住"保产业链供应链"经济生命线，确保主导产业健康平稳发展是深莞惠地区的共同议题。

构建深圳都市圈，依托东莞中子科学城、深圳光明科学城，加速共建环巍峨山大科学装置群，打造区域良好的创新生态体系，进一步优化深圳与周边地区已经基本形成的"总部、研发创新+制造组装"的产业链分工布局，各取所长、各补所短，共同应对主导产业关键环节受制于人的被动局面，有力支撑以国内大循环为主体，国内国际双循环相互促进的新发展格局。

5.1.3.4 从"5"到"1"

深圳市都市圈是区域治理创新的样板。党的十八届三中全会提出推进国家治理体系和治理能力现代化改革目标，都市圈建设是区域治理的重要抓手。但目前，行政壁垒仍是国内城市区域协同发展的普遍困境。作为中国特色社会主义先行示范区，深圳有责任成为区域协同治理的先行者、探索者，为中国提供可复制可推广的样板。

以推进高质量发展和资源统筹为切入点，探索建立跨区域产业转移、园区合作、重大基础设施建设的成本分担和产值、税收共享机制，在边界地区探索集合城市统筹协同发展，实施统一的规划管理、统一的公共服务、统一的生态底线和管控要求，推动各领域的深度协同，实现从5个城市向1个紧密协同的都市圈转变，打造中国区域治理试验田和创新地。

【作者：邱凯付、徐雨璇、陈少杰、刘菁、罗方腾，中国城市规划设计研究院深圳分院规划研究中心；刘行、吴文秀，中国城市规划设计研究院数字湾区研究中心；发表时间：2020年8月27日】

5.2 深圳自主创新发展的经验与启示

5.2.1 创新驱动发展的战略意义

5.2.1.1 创新驱动发展的战略背景

1. 全球新一轮科技革命与产业变革的重大机遇

全球经济飞速发展,源头交叉的科学创新和技术交叉的产业创新齐头并进,孕育着新一轮的技术革命或者产业变革。战略性新兴产业,如生物医疗、电子信息、新能源汽车都是多种行业交叉在一起,交叉和融合是当前产业发展的两个关键词。

图 5-8 领域交叉引导爆炸式发展

2. 创新全球化的机遇与贸易保护技术壁垒的挑战并存

经济全球化的核心是产业全球化,其历程大致分为3个阶段:一是制造业全球化,主要特征是要素成本驱动全球制造业转移,产业内部分工的全球化形成OEM、外包等合作方式,新兴国家和地区通过技术创新与学习崛起;二是服务业全球化,这个阶段价值链中的高端环节从制造业中分离出来,成为服务方面的重要力量,服务业与互联网、移动互联网的结合,新兴国家和地区通过承接服务业转型;三是创新全球化,今天许多城市已进入这个阶段,知识和技术成为产品,创新资源加速在全球布局,知识和人才在全球加速流动,风险投资成为推动创新全球化的力量。

2008年金融危机后,欧洲一些国家及美国、日本等纷纷提出要"再制造业化",美国提出加速先进制造业的再布局,德国提出工业4.0,日本提出重振制造业,英国提出发展先进制造业的行动计划等等。

一方面,发达国家不断将制造业引入本国,另一方面,伴随中国创新能级提升,西方发达国家对中国科技产业创新的技术封锁日益增强,"中兴事件"折射出核心领域自主创新不足,"缺芯少魂"问题严重。"华为事件"则显示了以美国为首的西方发达国家对中国发展高科技战略意图的警惕与遏制,为中国及中国企业敲响了警钟。提高自主创新特别是源头创新,是我们未来发展的必由之路。近年我国在一些城市批准自主创新示范区,对于引领产业创新发挥了重要的空间载体作用。

5.2.1.2 创新驱动发展的战略思考

回顾国家战略,2012年党的十八大提出实施创新驱动发展战略。2015年《中共中央 国务院关于深化体制机制改革加快实施创新驱动发展战略的若干意见》中提出了2020年的奋斗目标,制定了"激励创新的公平竞争环境、技术创新市场导向机制、金融创新、成果转化激励……创新政策统筹协调等"一系列重点策略。2016年出台了《国家创新驱动发展战略纲要》，提出我国到2020年进入创新型国家行列、到2030年跻身创新型国家前列、到2050年建成世界科技创新强国"三步走"目标。2017年在党的十九大报告当中提出"创新是引领发展的第一动力""加快建设创新型国家"。

5.2.2 大湾区创新发展基础与布局

5.2.2.1 大湾区发展概况

粤港澳大湾区以1%的土地面积、5%的人口创造出全国10%的GDP及25%的出口，是我国开放程度最高、经济活力最强的地区。在世界一流湾区中，在人口、面积、经济总量上，粤港澳大湾区比旧金山湾区多一点，但以人均GDP和地均GDP相比，粤港澳大湾区与世界其他三大湾区相比还存在相当大的差距。

5.2.2.2 大湾区科技产业创新特征

1. 湾区科技创新重点指标

目前，粤港澳大湾区"9+2"产业在空间上的布局特征，以第三产业占比60%以上、40%~60%、40%以下分成3个梯队，基本上呈圈层式向外递推的格局：第一圈层是广州、深圳、香港、澳门，澳门总量相对来说小一些，核心围绕着广深港走廊；第二圈层是东莞、中山、珠海、江门，第三产业在40%~60%，呈二、三产并重的趋势；第三圈层是肇庆、佛山、惠州。

珠江东西两岸通过近40年的发展，产业特征明显，在空间上呈现"东软西硬、东轻西重"的大格局。珠江东岸已经形成了电子信息产业带（广州—东莞—深圳—惠州，电子信息产业占比高），珠江西岸形成了装备制造业走廊（石化工业、海空装备、船舶制造、钢铁等一些重型工业、基础性产业布局较多）。有学者曾说"东莞和深圳是世界IT产业走廊，如果这条走廊打个喷嚏，整个世界的电子信息产业都会感冒"。

2. 湾区科技创新空间布局

珠三角国家自主创新示范区：2008年，深圳率先获得国家科技创新型城市。2014年，批复深圳为国家自主创新示范区。2015年，批复广州、珠海、佛山、惠州仲恺、东莞松山湖、中山火炬、江门、肇庆8个国家级高新技术产业区建成为国家自主创新示范区，形成"1+8"格局。深圳国家自主创新示范区包括66个片区，面积约394平方公里，这66个片区基本上把深圳比较好的产业园区、产业片区都包括在内，是未来深圳产业创新发展的重要空间载体。

广深科技创新走廊：拥有10个核心的创新载体、37个创新节点，整个粤港澳大湾区高端的科技创新在这个走廊上布局最为密集。

重大科学装置：国家在粤港澳大湾区布局了一些重大的科学装置或者基础性研究，比如散裂中子源、超算中心、中微子实验室、国家基因库等等，是国家的重大科技工程。

5.2.3 深圳自主创新发展的经验启示

5.2.3.1 深圳创新发展历程

深圳的创新发展历程大致分为3个阶段：

第一阶段是20世纪90年代初到2008年的"跟跑阶段"。改革开放之初，深圳基本发展以"三来一补"为主的产业。到了1990年代初期，特别是1992年邓小平同志南方讲话之后，改革开放的力度更大，产业开始逐渐转型。到了1995年，深圳市政府颁布的一号文件提出大力发展科学技术，对于高新技术产业发展提出了明确的信号，1995年高新技术产业开始应运而生，1997年深圳市政府颁布出台了高新技术产业带规划"9+2"，在全市划定了9个高新技术产业带。政策上1995年、1997年、1998年、2000年、2004年，几乎每年政府的一号文件都与科学技术、自主创新或者大力发展高新技术产业有关，在这些文件的引导下，深圳的高新技术产业像雨后春笋般快速发展。2008年全球金融危机，许多国家和城市都受到影响，而深圳在这一年经济并没有受到什么影响，甚至是逆市飘红。

第二阶段是从2009年到2015年"跟跑与并跑并行阶段"。深圳的高新技术产业，特别是民营经济的自主创新得到更进一步发展。深圳的一些科学技术、产业创新紧跟世界发展潮流，有些已经与世界的先进技术基本上达到并行阶段。

第三阶段是2016年起进入了"并跑、领跑并行阶段"。到了"十三五"期间，对于高新技术、自主创新的政策引导、空间布局等进一步加强，在互联网、电子信息、移动通信等某些领域已经达到世界领先。

5.2.3.2 深圳创新的现状基础

城市经济实力雄厚，新兴产业快速发展。深圳经济总量位居全国第三，增速位居全国第二。新兴产业快速发展，占GDP比重日益提升。

科技、产业创新实力全国领先。深圳国内发明专利授权量位居全国第三，PCT国际专利位居全国首位。

国家级高科技企业数量众多。截至2017年底，深圳全市共有国家级高新技术企业超11230家，占大湾区比例超过40%，占全国比例约9%。

5.2.3.3 深圳创新发展的经验启示

1. 打造一批高水平的创新载体

深圳具备良好的创新发展基础，有1500余家创新的平台载体，有明确的创新载体发展导向。

图 5-9 深圳产城融合的创新空间

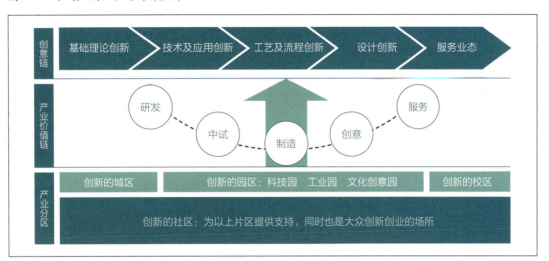

2. 四区联动，建设产城融合的创新空间

产业链与创新链相结合，划定不同产业分区（创新的城区、创新的园区、创新的校区、创新的社区），赋予差异化创新职能。促进四区高效互动，发挥创新叠加优势。

3. 规划先行，打造特色鲜明的创新空间

除了对区域空间的引导之外，新一版总体规划中也提出了"一核引领、五主带动、三区融合"的创新空间格局。"一核"是把前海、蛇口两个自贸片区以及南山高新区、战略新兴园区、大学城圈在一起，成为整个城市创新的核心区域。在原特区以外，分为5个主要的中心区，包括空港新城、光明高新区、坂雪岗科技城、宝龙科技城、坪山高新区；政府主导重点打造17个创新发展区，为保证产业有足够空间，2016年开始划定产业区块控制线。之后，产业区块控制线的划定被逐步作为一个政策在社会上对于制造业空间的保留和制造业发展给予了一定的保障，有了制造业空间，创新也就有了更大的想象空间。

4. 以人为本，培育多样化的创新人才

深圳源头创新不足，和其他城市相比高等院校非常少，深圳从"十二五"到"十三五"以来大力引进高等院校，除了北大、清华的深圳研究生院，还有深圳吉大昆士兰大学、深圳北理莫斯科大学等。目的在于提高源头创新和自主创新的综合实力。

5. 形成了良好的创新生态系统

不是有了人才、技术、工业厂房就可以创新，而是需要有优越的城市创新生态系统，这对于深圳的科技成果转化以及扶持创新将发挥重要作用。

图 5-10 创新生态系统

5.2.4 深圳推动大湾区创新发展的思考

5.2.4.1 强化城市创新特色，服务大湾区创新需求

深圳在粤港澳大湾区创新方面，一是继续向前跑，二是提供高端服务。重点可以关注3个关键词：一是服务型，主要是为周边地区提供更好的科技服务；二是国际化，顺应国际趋势，吸引国际人才开展国际活动，打造具有国际影响力的创新节点，深圳在大湾区就是一个大的创新节点；三是链接性，主要是链接国际国内，成为国际科技创新进入中国的首选地以及中国科技创新走出去的出发地。

5.2.4.2 积极推进区域合作，共铸大湾区创新共同体

1. 深圳+广州

加强与广州高校及科研院所合作，以深圳创新生态优势支持广州产业技术成果产业化，在新一代信息技术、互联网、装备制造等领域加强合作。

2. 深圳+香港

支持香港创新发展和向产业链下游出发的战略思路调整。以香港基础科学创新+深圳产业技术创新为基础，探索"深港共同研发+湾区外围地区生产"等创新合作模式。支持香港发展人工智能、机器人和生物工程等领域以及香港高校和研究机构跨境利用国家大科学装置。

3. 深圳+大湾区其他城市

在产业链条上下游方面可以寻求一些合作，加强深圳科技金融产业对周边地区产业发展的带动扶持。通过产业合作园区建设等方式，推进周边地区产业转型升级。积极利用东莞、惠州、江门等地区的国家级大科学装置，促进深圳产业发展。

5.2.4.3 加强重点平台建设，为大湾区合作创新提供先行先试范本

前海深港现代服务业合作区正在建设，也许今后香港的很多制度优势可以嫁接到深圳，在现代服务业中发挥一些作用。河套地区，现在的深港科技创新特别合作区，已经研究规划了十余年，开发之后一定会成为大湾区新的增长极。

5.2.4.4 推进"3+2"地区深入合作，为大湾区东翼腾飞奠定基础

培育新兴增长极和重点功能区，深入推进深圳与松山湖、银瓶新区、惠阳经开区等东莞、惠州两市重点功能区的科技创新与产业合作，引导大鹏半岛与大亚湾加强海洋合作。加快推动道路交通的互联互通，随着高铁的快速发展，使这些地区形成半小时或一小时生活圈，拉近时空距离合作会更加密切。加强体制机制创新，探索深圳和东莞、惠州的临深地区共建跨行政边界的"深莞惠区域协同发展试验区"。

【作者：李江，深圳市规划国土发展研究中心副总规划师；发表时间：2019年5月17日】

5.3 产业用地：深圳经济的空间投影

深圳市工业用地近40年的扩张与更新，可谓这个城市经济发展奇迹在空间上的最佳投影。目前，深圳工业增加值仍占全市国民生产总值的40%，工业用地占全市建设用地总面积的近1/3。迫于产业发展需求和城市资源环境之间日益突出的矛盾，深圳工业用地发展在国内率先进入了"转型期"；而进入粤港澳大湾区时代，深圳工业用地的发展则迎来了更多的机遇与挑战。

5.3.1 深圳市工业用地发展概览

5.3.1.1 第一阶段：三来一补，组团化发展

深圳特区建立之初，招商局成立蛇口工业区，工业用地面积仅2.14平方公里。截至1984年底，深圳城市建设用地面积达38平方公里，其中工业用地还不到3平方公里，主要集中在罗湖—上步地区和蛇口—南头地区，其中较大的工业区有上步、八卦岭、水贝和莲塘等。"六五"计划期间（1979~1985年），深圳工业增加值年均增长率高达88%[1]，工业构成主要以电子、服装、纺织、皮革等劳动密集型行业为主，或称"三来一补"制造业。

5.3.1.2 第二阶段：产业集聚，专业园区形成

高新技术制造业空间增加，"三来一补"产业开始消退。赛格集团经营大陆首家专业电子市场，上步工业区开始向专业电子信息园区和交易市场转型。深圳科技工业园、中国科技开发院、高新技术工业村合并成为深圳高新技术产业园区。1994年，深圳市工业用地面积为82.3平方公里[1]。

5.3.1.3 第三阶段：腾笼换鸟，制造业挤出

随着现代服务业的加速发展，罗湖、福田产业结构开始调整，工业区逐渐转型为居住、商业以及办公区；工业大量向原特区外转移扩散。1993年深圳市停止登记"三来一补"产业。2005年以后，金融与房地产市场大热，大量本应投入到制造业的资金被抽走或截流[2]。2013年以后，在发达国家制造业回流和新兴经济体双重挤压下，深圳外贸出口连续三年负增长。2004~2016年，深圳第二产业增加值每年以一个百分点的速度下降。第二产业对GDP的贡献率从超过50%，至2013年后稳定在40%左右。2015年，工业用地的规模在达到峰值的316平方公里后，也下降至目前的273平方公里左右。

---

1 深圳市规划局等，《深圳市工业布局研究与规划（总报告）》，2006年6月。
2 《前5个月制造业投资出现回升势头，专家提醒——增速尚处低位 亟待组合施策》，经济日报，2018-06-29。

5.3.1.4 第四阶段：城市更新，产业升级

2010年之前，深圳城市更新以城中村改造为主，随着城中村改造的难度日益加大，工业用地的改造成为市场热点，城市更新对深圳市的工业用地产生了极大的影响。2011~2014年，深圳全市工改商和工改居项目占比接近60%；以福田区为例，2009~2013年，列入计划的拆除重建类更新项目共有28个，其中，城中村改造项目4个，旧工业区改造项目16个，占比接近60%。

随着对产业空心化的担忧加剧，政府加强了工改商、工改居类项目的限制，工改工项目因此相应提升。由于市场居住类物业的利润丰厚，大量M0[1]空间被改造为商务公寓，实质上并未起到提升产业空间的作用。

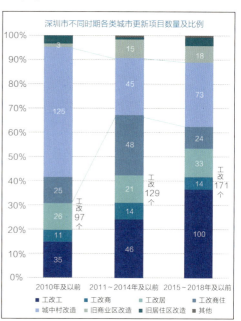

图 5-11 深圳不同时期各类城市更新项目数量构成

为应对这一问题，2018年深圳市经贸信息委发布《深圳市工业区块线管理办法（征求意见稿）》，企业希望通过工改工之名，行房地产售卖之实的渠道基本被斩断。办法指出，M1和M0不得建成"类住宅化"，禁止将厂房改为公寓，研发用房和配套设施建筑平面不得采用住宅套型式设计。严格控制区块线内M1改为M0，原特区外各区（新区）区块线内M1改M0的工业用地面积总量控制在20%以内，南山区区块线内这一比例控制在50%以内。

2019年初，为推动产业转型升级，促进产业用地节约集约利用，深圳市规划和自然资源局组织起草了《深圳市扶持实体经济发展促进产业用地节约集约利用的管理规定》（征求意见稿），允许在维持原土地用途不变情况下增加建筑面积，产业用地可通过新建、扩建、拆建及3种方式组合的路径实施容积率调整，如利用已批未建产业用地进行建设，以及部分建成、已建成产业用地利用空地进行建设；对现有厂房及配套建（构）筑物进行扩建、改建；对拆除部分或全部建（构）筑物后用地进行建设等。但核心仍然是坚持"以产业运营为核心，严禁房地产化"。

5.3.2 工业用地规模缩减是大势所趋

经历了近40年的高速发展，深圳从一个不足3平方公里的工业区，发展成为中国创新制造、外

---

1 《深圳市城市规划标准与准则》中，结合产业发展特点，在《城市用地分类与规划建设用地标准》的基础上，提出了M0新型产业用地类型，涵盖了研发、创意、设计、中试、无污染生产等创新型产业功能以及相关配套服务活动。

贸创汇的一流城市，积累了超过建设用地1/3的工业用地。但由于市场自发的快速发展和分散的权属，除少数几个大型产业园区外，大部分工业用地处于分散而零碎的状态，而工业用地的利用与功能的改变更多的受市场力量的左右。原特区内的产业园经过早期城市更新，多数实现"退二进三"，成为服务业的集中地；特区外的大部分工业园区，市场的"去工业化"热情仍然较高，但在越加严厉的工业用地更新政策下受到了一定抑制。

事实上，世界上许多大都市都经历了与产业结构相适应的工业用地配置。以纽约和东京为例，20世纪七八十年代到20世纪末，纽约的"去制造业化"现象明显；而日本在《广场协议》后加大对外直接投资，东京的第三产业迅速提升，第二产业急速下降。相应地，纽约和东京的工业用地比例大幅度下降，商业等第三产业用地比例大幅上升。纽约2014年的工业和制造业用地面积为22平方公里，占土地总面积的比例为3.5%；东京2007年工业用地面积为58平方公里，占土地总面积的9%[1]。总体来看，大都市地区工业用地面积较少，占比也较低。

5.3.3 用地效率持续提升是关键

尽管深圳市工业用地规模有减少的趋势，但效率却一直在提升，且近年来增速在加快。2003年，深圳市工业用地地均工业增加值仅11.24万元/公顷，到2010年仅提高到15万元/公顷，更多地体现为总量的扩张而非效率的提升。2010年以后，工业用地增速趋缓，且2015年以后，工业用地实际上呈现下降趋势，但工业增加值仍在快速增长，相应的地均增加值2017年也增长到了32万元/公顷，年均增长11%。

深圳市各年份工业用地地均增加值的增长　　　　　　　　　　　　　　　　　　　　　　　　表 5-1

年份	工业增加值（亿元）	工业用地（平方公里）	地均增加值（万元/公顷）	期间年均增长
2003 年	1708.12	151.88	11.24	—
2010 年	4445.52	296.21	15.01	4%
2017 年	8739.14	273.14	32.00	11%

5.3.4 "环湾地区"的产业价值凸显

近十年来深圳市的高端资源也在不断向环湾地区集中，其中直接临近湾区的南山和宝安两区发展尤为迅速。

南山区现代服务业和总部经济日益成为主导产业，工业用地相应减少。目前共有总部企业124

1　黄迎春，杨伯钢，张飞舟. 世界城市土地利用特点及其对北京的启示 [J]. 国际城市规划，2017.

图 5-12 宝安区及南山区近年工业用地地均工业增加值变化

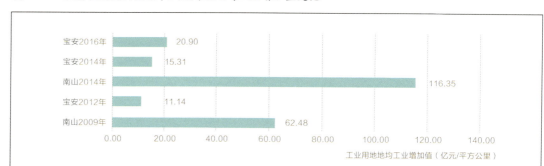

家，战略新兴产业增加值占GDP比重达66.9%。尽管工业用地的规模近年来下降趋势明显，但工业增加值以及工业用地的利用效率却在不断提升；全区的工业用地总量仅16平方公里，却已成为全国各区县单元中地均工业增加值最高的区域。

宝安区工业用地的地均工业增加值从2002年的6.68亿元/平方公里，增长到2012年的11.14亿元/平方公里，年均仅增长5%；2012~2016年则达到了年均17%的增长速度，作为一个产业大区（工业用地占全市的27%），地均工业增加值增速超过同期深圳全市的平均值。

5.3.5 "广深港澳科技走廊"下工业用地的多样化需求

深圳市土地空间有限、工业用地占比大，新增土地要满足保民生、保基建等任务，可用于产业空间的份额较少。2016年，深圳市建设用地面积达到975平方公里，占全市总面积48%，远超土地利用警戒红线，按照《深圳市城市总体规划（2010~2020年）》，规划期内可增加建设用地面积仅剩29平方公里，至2020年年均不足8平方公里。

新经济背景下，深圳市各类新兴创新公司、"独角兽"公司兴起，这些公司大多属于高端制造、互联网和高新科技类产业，具有全球范围流通、风投资金吸引力强等特征，且成长周期短、创新能力强、爆发速度快，能够促进上下游产业甚至激活跨界发展，而对生产空间也提出多样性、灵活化的需求。

产业的升级换代除了直接引起空间形态的变化之外，更重要的是就业主体的变化，即就业人群的教育水平、年龄结构、收入水平的变化，就业总量、带眷情况也有很大不同，而这将直接导致本地区主体人群消费水平、消费方式的改变，以及对各类公共服务设施需求的变化。

产业配套环境的打造和高品质新型产业空间的供给才能有效地留住优质企业。尽管深圳市目前尚不具备大量由政府主导的产业空间，但是从城市配套、产业配套、人才吸引、环境打造等措施入手，仍然是有效的改善产业发展环境、推动产业升级的方式。

《湾区纲要》提出的战略目标之一是建设宜居宜业宜游的优质生活圈，优先发展民生工程，提高民众生活便利水平，提升居民生活质量。近年来包括"硅巷"等地区的科技创新向城市中心区回归等案例也说明，高科技产业或者高新制造产业，其集聚不在大规模的产业空间，而更多取决于创业者以及就业者的环境偏好，即优质的城市服务、多元的城市文化和时尚的环境氛围。因此，提供更多样化、配套更完善的产业空间，合理引导工业用地的更新方向，有助于城市产业活力的持续保持。

【作者：黄斐玫，中国城市规划设计研究院深圳分院规划设计三所、主任工程师；发表时间：2019年7月17日】

参考文献

[1] 李江. 园区整合：产业空间重构的必然选择——资源条件紧约束下的深圳宝安工业布局[J]. 经济地理, 2008, (7)：578-581.

[2] 肖晓俊, 傅江帆, 贺灿飞. 国际大都市产业功能区空间利用特征[J]. 世界地理研究, 2011, (12)：48-56.

[3] 严若谷. 快速城市化地区的城市工业空间演变与空间再生研究——以深圳旧工业区升级改造为例[J]. 广东社会科学, 2016, (3)：44-51.

[4] 胡映洁, 吕斌. 我国工业用地更新的利益还原机制及其绩效分析[J]. 土地利用, 2016, (4)：61-66, 92.

Part C 第三部分
湾区对话

本部分内容主要对中国城市规划设计研究院联合广东省国土空间规划协会、香港规划师学会、澳门城市规划学会主办的湾区对话中的精彩报告进行编辑整理，形成粤港澳三地专家齐聚深圳、共话湾区的多元视角。

2019年和2020年的湾区对话主题分别为"科创共生、互联未来"和"后疫情时代下的湾区持续发展"，从表象上看是分别应对中美博弈与全球疫情，但综合来看也从本质上揭示着无论外在发展环境如何变换，只要抓住科技创新这一关键，可持续发展这一底线，就可以立于不败之地。

第 6 章
世界格局动荡下的湾区发展应变

6.1 从"特区突围"到"双区驱动",深圳城市实践的历史经验和未来使命

6.1.1 深圳特区 40 年发展历程的城市经验

关于深圳特区过去40年发展成功的经验,站在不同的历史节点可以有不同的新的认识。

深圳特区40年可以分为以下两个阶段:

第一个20年是1980年到2000年,其关键词是深圳速度。深圳的人口规模从33.3万人到701.43万人,GDP上升到全国第4位,已经完成了从边陲小镇到特大城市的奇迹。

第二个20年是2000年到2020年,其关键词是深圳效率、深圳质量。全国的GDP从8.9万亿到90万亿,翻了10倍,深圳从2187亿元到26927亿元,经济增长速度基本与全国同步,稍高于全国,同时人口规模稳定增长,从701.43万人到1334万人,深圳从特大城市到超大城市再到巨型城市,进入持续高速增长的平稳阶段。

图 6-1 深圳特区 40 年历程的两个阶段

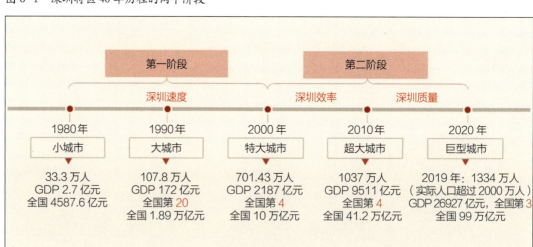

6.1.1.1 第一个 20 年

1. 如何快速建设一座新的城市

深圳第一个20年的城市经验是如何快速建设一个新的城市，这是深圳为全国乃至国际提供的经验。人、地、钱是所有城市发展必须要解决的三个基本问题，之后才有谈城市按照规划进行建设的前提条件。

首先，钱从哪里来？深圳经验主要有两个：一是"企业+政府"开发区模式，土地制度改革之前，通过外引内联、项目征地、企业代征等方式，让企业自建厂房的同时承担工业区的基础设施建设，解决启动资金的问题，形成以蛇口、华侨城、南油为代表的，集规划、建设、管理、运营于一体的成片开发模式，现在已经推广到全国，甚至到了"一带一路"的发展中国家，具有特别重要的贡献。二是城市土地有偿出让的土地使用制度改革，形成了"取之于地、用之于地"的国土开发基金模式，形成了全国乃至国际影响，土地财政成为1990年代以来全国城市化快速发展的动力。

其次，地从哪里来？深圳通过1992年的统征和2004年的统转，以较为平稳的方式完成全市域范围的土地国有化。无论发达国家还是发展中国家，在城市化过程中，土地问题都是非常尖锐的矛盾，在快速城市化过程中对原村民的利益让渡是深圳完成城市化的基本经验所在。

第三个问题，人从哪里来？深圳的城市化是依靠大规模的外来移民实现的。多层次、多类型的产业结构提供了丰富多样的就业机会，量大面广的城中村充当了城市化过程中数以百万计的打工者的落脚地这个城市功能，弥补了政府廉租房供给严重不足的缺陷，解决了大量人口的移民问题，避免很多发展中国家在城市化过程中形成贫民窟等问题。

2. 如何持续经营一个新型的城市？

建设城市是城市发展的第一步，要实现城市的健康持续发展，需要稳固的产业基础作为支撑。深圳在工业基础几乎为零的条件下起步，如今发展成为举世瞩目的国家创新型城市、国际科技产业创新中心，其成功的经验可以归结为几个方面：一是以工业化夯实城市化的产业基础，深圳第二产业比例一直稳定在40%左右，目前为止深圳的规模以上工业总产值全国第一；二是以完整高效的产业链支持创新发展；三是以市场为导向、以企业为主体的创新发展模式，深圳创新的四个90%已经广为人知；四是政府承担完善创新环境、优化创新空间的职能。在此创新和产业发展的基础上，深圳成为最先创造土地财政的城市，也是最早摆脱土地财政依赖的城市。

6.1.1.2 第二个 20 年

1. 特区城市、中心城市、国际化城市的定位相得益彰

深圳的发展定位经历了逐步演进的历程：1994年《珠江三角洲城市群协调规划》，将深圳定位为区域副中心城市；1990年代末到21世纪初，深圳开始作为中心城市，2004年《珠江三角洲城镇群协调发展规划》，将深圳定位为区域主中心城市；到2019年，《湾区纲要》将深圳定位为大湾区四大中心城市之一。在深圳的发展过程中，特区城市、中心城市的定位是相互促进、相互补充、相得益彰的。

其次，坚定不移走向国际化，深港紧密合作成为深圳建设国际化城市的重要路径。2004年，深港签订"1+8"的正式合作协议，成为深圳全面合作的重要里程碑；2006年后，香港发布2030和2030+的发展策略，都努力寻求与深圳在空间布局上的对接，深圳制定2030城市发展策略予以回应，2010版城市总体规划把深港合作提升到新的历史高度，这个时期双方紧密互动，在很多方面达成共识。深港两个城市在不改变各自社会制度的情况下，基于共同利益和粤港澳大湾区整体发展开展全方位的战略合作，始终具有重大价值和意义，也具有十分乐观的前景。

2. 探索高密度超大城市的可持续发展路径

如何在狭小地盘内探索可持续发展的路径，是过去20年深圳在城市发展中探寻的重要主题。

首先，深圳始终坚持多中心组团式的空间结构，并与空间治理体系改革结合，这是最重要的探索。实际上深圳的行政区是由城市空间结构提供支撑，可以说是深圳的空间结构推动着政府治理体系改革，成为多中心的组团式城市能够长期发展的制度基础。

第二，将坚守生态安全底线与提高生态福祉产品有机结合。到2019年深圳已经建成1090个公园，到2035要建成1300个公园。生态空间不仅仅作为城市的背景，而是逐步建设成为自然公园、城市公园、社区公园相结合的积极的生态空间，成为市民可享有、可获得的福利产品，最终打造人与自然、城市完全和谐相处的图景。

第三，提升战略节点价值，促进空间升维。深圳谋划节点，在狭小的空间内把每寸土地、每个空间的价值发挥得更大，例如前海、深圳北站中心、龙岗大运中心都是成功范例，还有未来光明科学城、海洋新城等。

第四，通过城市更新、土地整备的存量空间再开发探讨非空间扩张的内涵型发展模式。该过程还强调三维空间的立体开发和复合利用，并在土地制度、产权改革上都做了一系列的探索。

6.1.2 "双区驱动"的城市使命和空间策略

6.1.2.1 城市愿景与定位

无论是粤港澳大湾区还是先行示范区都对深圳提出了单项优秀走向全科优秀的要求。深圳2035年国土空间总体规划提出"创新创业创意之都，和美宜居幸福家园"的城市愿景以及"卓越的国家经济特区、粤港澳大湾区核心城市、国际科技创新中心、全球海洋中心城市"的城市性质。

6.1.2.2 空间策略

深圳的发展不是自身的发展，不能只从深圳的发展或面临的困难寻求出路，而是要放在粤港澳大湾区乃至全中国的发展战略中进行考虑，目前最关键的就是做好深圳都市圈。深圳都市圈有几个不同的层次：

第一层次：国家和广东省对深圳都市圈的定位，就是"3+2"，即深圳、东莞、惠州+河源、汕尾。实际就是深圳的经济圈，其发展过程中深圳可以追寻两种发展模式：一是梯度推进模式，就是与周边地区协同发展；二是飞地经济模式，比如深汕特别合作区，未来深圳与河源，甚至更远的粤东西北地区的合作可能还会有这种模式出现。

第二层次：深圳一小时通勤圈，不完全局限在"3+2"范围内，其中大运量城际捷运交通是一小时通勤圈的基础。

第三层次：临深片区的深度融合试验区，包括深圳西部的海洋新城、会展中心与东莞滨海湾新区的对接，深圳光明科学城与东莞松山湖，以及东莞凤岗、塘厦与深圳观澜、平湖地区的对接，深圳坪山、龙岗与惠州大亚湾地区的对接，该层次要探索公共住房、基础教育、医疗、公交、养老等公共服务设施的一体化。

回到深圳自身，继续实施东进、西协、南联、北拓、中优的空间策略，在各方向预留更多的对外战略性通道，在城市外围地区打造更多战略性功能节点，为深圳都市圈谋划好空间策略。

过去的40年，特别是最近20年，深圳在没有空间扩张的情况下，为高密度超大型城市的可持续发展交出了一份亮丽的答卷，未来深圳都市圈的发展将是深圳为国家探索创新作出的新的更大贡献。

【作者：邹兵，深圳市规划国土发展研究中心总规划师；
整理者：刘菁，中国城市规划设计研究院深圳分院规划研究中心，研究员】

6.2 大湾区：从外循环到内循环

2020年8月24日，经济社会领域专家座谈会上提出，要推动形成"以国内大循环为主体、国内国际双循环相互促进"的新发展格局。

新发展格局的判断是基于我国发展阶段、发展环境和发展条件变化提出的。一是自2008年金融危机以来，全球经济下行趋势加剧，而中国逆势增长，受到全球的关注；二是新冠肺炎疫情对全球经济贸易造成剧烈冲击，但中国率先走出了困局，全面复工复产，再次实现逆势增长。中国亮眼的社会经济发展成绩，使得美国在战略上更加警惕中国——新发展格局在这样的背景下孕育而生。

新发展格局将影响中国未来5年甚至更长时间的经济发展态势，是对未来长远的判断和谋划。它既不意味着封闭的国内循环，也不意味着外循环会立刻消失。相反，新发展格局是更加开放的国内国际双循环。

中国在疫情下率先逐步复苏，使得中国在世界经济中的地位更加重要，世界各地对中国市场的依赖加剧。同时，以国内大循环为主体、国内国际双循环相互促进的新发展格局也将为粤港澳大湾区带来新的机遇与挑战。粤港澳大湾区如何在新发展格局中找准自己的位置，将对其下一轮的增长起到关键作用。

6.2.1 全球化的形成与解体：最大赢家是美国与中国

6.2.1.1 全球化开始：美元霸权与中国改革

"大循环"的概念最早是王健教授于1987年[1]提出的，随后这一构想被中央纳入沿海发展战略中，被称为"两头在外，大进大出"。

过去，各个国家的资本和劳动力在空间上基本是统一的，即企业的投资、生产基本都在本国进行。但从20世纪七八十年代（基本与中国改革开放同一时期），全球许多企业总部仍在发达国家，生产环节却迁移到国外，全球化浪潮由此开启。

全球化现象最重要的动因是劳动力比较优势的出现。比较优势为什么在这个阶段出现？1970年代初布雷顿森林体系解体后，美元一统天下，各国的生产要素得以用同一货币为度量衡加以估价。美国借助国家信用向全球供应大量美元，实现了美国资本的大规模出口，而中国的劳动力优势比较彰显，凭借廉价的生产要素，吸引了全球生产企业转移。由此，最大规模的富裕资本和最大规模的廉价劳动力"一拍即合"，构成了全球大循环，中美互补成最大赢家。

---

[1] 王健，《关于国际大循环经济发展战略的构想》，1987年。

6.2.1.2 全球化解体：中国的资本 VS 美国的劳动

随着美国生产环节向外国的转移，美国本土工作岗位不断流失，在20世纪八九十年代，美国工人的工资增长开始放缓。

与此同时，中国通过贸易顺差不断积累财富，据国家外汇管理局资料统计，2003~2013年，95%的人民币通过顺差的结汇生产，而央行负债表中95%都是美元。中美两国的贸易顺差为全球化的解体埋下伏笔。

然而，导致全球化解体的另一关键因素是中国的土地金融制度。中国土地出让在20世纪90年代开始兴起，1987年第一宗土地拍卖以来，由地方政府主导的土地招拍挂制度建立，进入21世纪后，土地财政成为地方政府收益的重要组成。土地出让制度带动了房地产的兴起，而以土地为价值基础的房地产相关金融业务带动中国广义货币（M2）总量迅速扩大，中国成为新的资本大国。

中国成为资本大国的路径与美国等发达国家存在根本性差异，美国等发达国家是以国家信用为担保，向全球供给美元，政府的债务主要是外债，而中国则是以土地价值为信用基础，通过土地金融创造资本，政府的债务主要是内债。

土地金融创造出信用，土地信用生成大量货币，推动了中国零售消费总额的上涨，也带动了基础设施的建设和制造业、科技、国防等关键产业的高速发展，推动中国综合实力的全面提升。

6.2.1.3 从全球化回归古典体系：从"两头在外"回归"两头在内"

古典时代和全球化时代最大的区别在于资本和劳动力在空间上是统一或是分离。中国成为新的资本大国，打破了由美国提供资本、中国提供劳动力的国际大循环，撼动了美国在资本端的绝对优势。近年来，美国一方面推进制造业回归，推动贸易逆差变顺差，美元不再充当世界货币，世界货币消失，从而导致全球化解体。另一方面，美国减少对中国的资本输出、提高中国产品的进口关税，将产业链转移到中国以外，希望将中国逐步排除在全球化之外。因此，中国现在最主要的是要扭转"两头在外"的格局，转向"两头在内"：一方面是推动货币内生和资本内生，创造充足的资本，以减少产业升级对外部资本的依赖；另一方面是创造巨大的内部市场，减少对外部市场的依赖，将中国变成全球化的主场——粤港澳大湾区在这个发展选择中扮演着重要的角色。

6.2.2 大湾区的对策

从"两头在外"到"两头在内"，粤港澳大湾区有三条主要的应对策略。

6.2.2.1 创造资本

中国城市最大的资本来源是土地，也仍是目前最主要的融资渠道。粤港澳大湾区需要充分认识到土地金融在中国经济循环中的作用。

首先,要维持这一特殊金融系统的稳定,防止大湾区房地产市场崩盘。每个城市卖地是有容量的,其中最主要的就是商品房,要防止短时间向市场投入大量住宅,要警惕增容式的旧城改造。

同时,应当格外注重土地自由资本最大化,将土地出让后扣除成本的自由资本作为考核的主要目标,例如控制征地拆迁成本,抑制资本形成的成本快速上升。

同时,粤港澳大湾区政府要不断将企业和家庭部门重资产变成公共产品。对企业,要防止基础设施过度供给,并通过资本方式支持企业重资产,比如合肥近几年的快速发展就是通过这种模式实现的。对家庭,要防止公共服务过泛和过度供给,应主要通过住房供给,支持家庭重资产,建立起商品房市场之外的保障房体系,这方面新加坡是非常成功的,具有借鉴价值。

6.2.2.2 扩大消费

无论是古典时代还是全球化时代,本地消费市场都举足轻重。

所有的消费都是集体消费和个体消费的组合,而现代消费是公共产品和私人产品的组合,大湾区要把基础设施和个人消费组合在一起。

其次,要创造更大规模的中产阶级。当前,中国大约只有3亿中产阶级,基本来自20世纪的"房改"一族,其余近10亿人口其实是中国消费市场最大的潜力。如果能再增加3亿人口的中产阶级,相当于中国现有的消费市场扩大了一倍,成为比美国市场规模更大的、全球最主要的消费市场。

此外,由于住房是中国消费市场的中枢,是几乎所有消费品的重要平台,没有自有住房,家庭耐用消费品的消费意愿就很难升级,因此,大湾区应当将"居者有其屋"放到战略位置。

过去40年,中国资本稀缺,劳动便宜,在全球化时代获得比较优势。内循环来临,资本充沛,势必导致劳动成本上升。保障性住房对于减少家庭支出中最主要的住房支出有重要意义,大湾区应把保障性住房作为未来的重点,以抑制不断上升的劳动力成本,从而推动增长的转型。大湾区应借鉴新加坡,将房地产市场分开,在商品房市场之外为劳动力提供保障性住房,促进劳动力从生产性转变为消费性,创造更多的中产阶级;而对于商品房市场则要全面放开,以保证城市资本来源。

6.2.2.3 创新政策

在从外循环走向以内循环为主的时代,大湾区所具有的多样化制度优势进一步强化其战略地位。相比于其他地区,大湾区内部拥有不同的法律体系、教育体系、货币体系和制度体系,同时拥有香港国际金融中心的特殊窗口,是外循环与内循环链接的枢纽。

税收是公共服务提供的基础,大湾区的多样性必定建立在多样的税收组合上。中国原来的税收都是来自产业,未来以消费为主,税收也应从生产转向消费。湾区城市如果要实现分工互补,就必须允许不同的城市(生产型城市、消费型城市)选择不同的税收。

6.2.3 结论

当前的全球竞争越来越取决于几个核心都市圈之间的竞争,粤港澳大湾区拥有中国最多样化、跨越制度的城市,因此也拥有双循环最大的机会。

未来的湾区会面临一次新的升级,出口领先的城市可能让位给消费导向的城市,生产领先的城市,可能让位给资本领先的城市。在新一轮的城市大洗牌中,每个城市都有自己的机会。

【作者:赵燕菁,厦门大学建筑与土木工程学院及经济学院双聘教授;
整理者:徐雨璇,中国城市规划设计研究院深圳分院规划研究中心,研究员】

6.3 创新与城市空间格局变化——初步的国际比较

6.3.1 科技革命的方向、趋势和影响

1945年，布什（Bush·Vannevar，1945）在《科学：永无止境的前沿》中说道："一个在基础科学新知识方面依赖于他人的国家，工业发展速度将减缓，并在国际贸易竞争中处于劣势"。这段话特别适用于现在的中国，从科创中心走向基础科学，特别是党的十九大报告提到的前瞻性基础研究，是未来科技发展的大形势。

回顾美国过去40年的发展趋势可以看出，美国出现了一种新的产业——先进产业，就业人数约占全部部门雇佣人数的9%，先进产业[1]占全国私营部门研发的89%，占全国专利的80%以上，占80%的工程师，占全部出口的60%，占17.2%的GDP。先进产业的每个工人的产出大约为214000美元，而非先进产业的平均工人则为10.8万美元。另外增长率为其他产业的2倍。先进产业实质性的"乘数效应"意味着每个新兴的先进行业就业岗位在国内就业会增加2.2个职位：本地就业岗位增加0.8个，区域以外增加1.4个。这使先进产业在全国范围内推动了约3900万个工作的产生，占所有私人就业的1/4。先进产业是典型的城市经济，从布鲁金斯研究报告中可知美国382个都市区囊括了91%的先进产业就业，并且排名前100的都市区集中了70%的先进产业的就业；排

图6-2 过去二十年内先进产业的专利数量激增
资料来源：Jonathan Rothwell and Siddharth Kulkarni. Data and Methods Appendix for America's Advanced Industries: What They Are, Where They Are, Why They Matter[R]. 2015

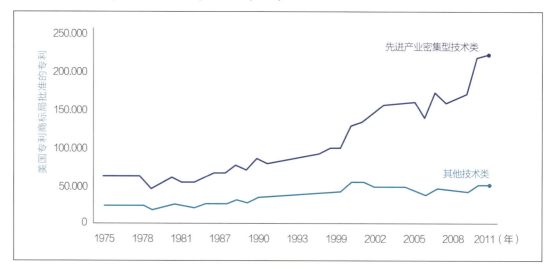

---

1 先进产业：以生产过程的技术创新含量，以及科学、技术、工程和数学4个关键学科员工占就业比重来划分，以创新为主要特征，具有增长率、技术含量和附加值高的特点。

图 6-3 人工智能在各类分析总体影响中的占比
资料来源：McKinsey&Company Report: Thriving amid turbulence: Imagining the cities of the future. Authored by Jonathan Woetzel, Vineet Rajadhyaksha, Joe Frem October 2018

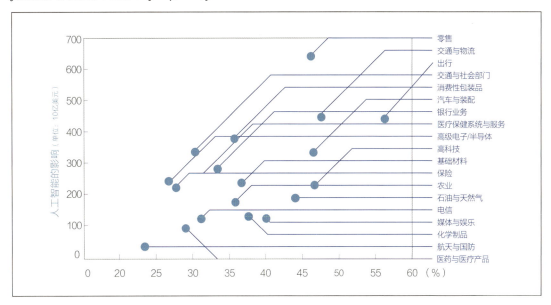

名前10的超级大都市平均先进产业就业的比例占前百名都市区的28%。

在此过程当中，未来可能会像 The New Yorker 杂志封面展示的那样，进入人工智能时代后，我们的竞争者将是我们造出来的人工智能机器人，我们可能会向它们讨饭吃。

人工智能在未来20年可能产生的替代性，总的规模将达到4万亿左右，从零售到航天，AI都将

图 6-4 20 世纪 70 年代与 21 世纪制造业服务附加值对比
注：1992年左右，宏碁创始人施振荣首次指出，在制造产品走入市场这一过程的不同阶段内，其附加值按"微笑曲线"的趋势变化。关于该问题的深入探讨可参见《鲍德温（2012）研发》。"嵌入式服务"是指借由制成品（例如手机上的应用程序）交付的服务。

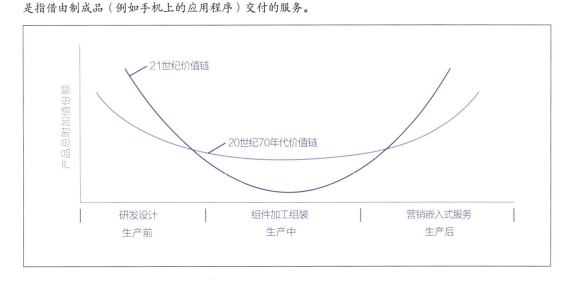

形成大规模渗透，形成AI取代人的进程。人工智能约可为各行业创造3.5亿~5.8亿美元年值，占各类分析技术整体潜在影响的40%。

科技革命让微笑曲线变得越来越陡峭，大规模制造的价值快速下降，创新和整体市场的推广、市场的创造将远远大于制造，大规模制造将持续退出大城市，新的空间效应将因为科技革命而诞生。

6.3.2 科技革命具有显著的空间效应

6.3.2.1 Gibrat 法则：美国城市 200 年从收敛走向再发散的启示

进入1960年代以后，特别是1980年代开始，美国出现了新一轮的大城市发展，中小城市开始减少，其关键就是大城市依赖新的科学技术，获得了新的动力，从拥堵变成依靠拥堵获得优势，实际溢价明显超过小城市。从全美的情况看，扣除房价因素之后，大城市的溢价是小城市的3~5倍以上，收入确实在提高。

6.3.2.2 原因1：认知技能禀赋高的城市在1980年计算机革命中获益大

20世纪80年代是美国大城市重新开始的时代，其原因在于信息革命造成了认知和收入的增长。现在往前推一步，就是信息科学、计算科学到AI，实际就是认知能力问题。当大量的认知能力成为一种就业的选择之后，大城市就因为人力资本效率的提高产生了更大的增长，这是全球过去40年出现新一轮发展的基础，认知能力带来的影响远远超过了一般的规模制造。

6.3.2.3 原因2：创新人才向大城市集中

随着城市规模的扩张，有学士学位的人口集聚度在提高，人才在向大城市集中。

6.3.2.4 原因3：创新产业向大城市聚集

随着城市规模的扩大，计算人才、数学人才向大城市聚集，大城市变成一个认知能力集中的区域，从一般性制造集中到创新和创新制造集中。

6.3.2.5 原因4：大规模制造非创新制造向中小城市集中

当一个创新过程完成之后，将不需要更多认知，而需要执行，因此，认知能力创造性比较差的大规模制造向小城市集中。最高度集中的行业是软件行业，实际上就是认知行业，就是把人们所有的信息处理能力通过软件来解决，所以大城市快速走向了AI，以软件为底层的AI是一个基础。

图 6-5　美国大都市区三大教育群体人口情况
资料来源：世界人口数据库（IPUMS）美国 2000 年人口普查微观数据

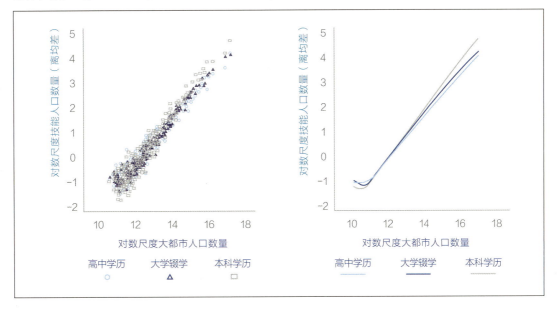

图 6-6　美国大都市区三类职业就业情况
资料来源：2000 年职业就业统计，THE COMPARATIVE ADVANTAGE OF CITIES，Donald R. Davis, Jonathan I.Dingel, http://www.nber.org/papers/w20602

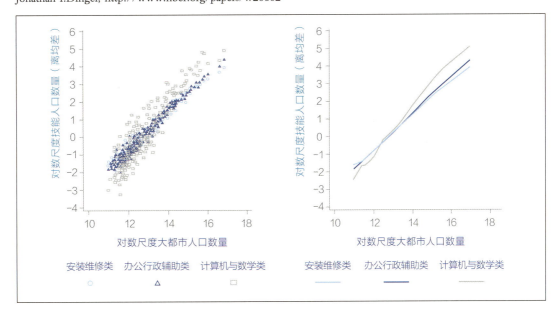

图 6-7 美国大都市区三大制造业就业情况
资料来源：《2000年郡县商业模式》

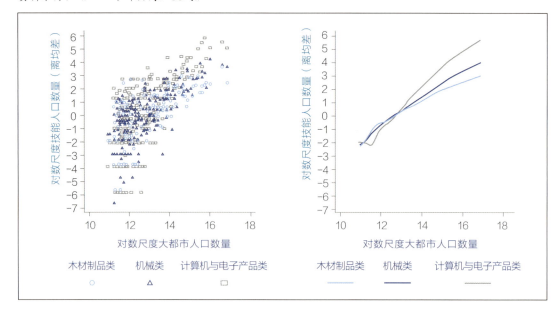

6.3.2.6 原因5：产业性质决定了聚集效应的差别

另外一个集中度特别高的行业是广告业，甚至集中到750米范围。可见，大城市从认知来讲，在一个狭小的空间聚集大量的人才。认知创新性，是大城市做科创中心需要考虑的地方。我们现在说中国城市的差别，大概就是认知能力的差别。北京之所以不同于其他城市，一年发表SCI论文20万篇，数量全球最高。广州大概只有5万篇，深圳+香港4万篇。北京为什么高度集中高水平的人才？就是认知能力越强大，集中人才越多。

6.3.2.7 原因6：风险投资（VC）与创新集中度相关

VC和创新高度关联，占比上，创新人口远低于专利发明，VC又高于专利。所以VC高的原因就是大量的创新，创新地区的专利技术集聚度远高于人口。美国的风险投资大概集聚在三个地域，与中国类似，中国是北京、深圳、上海，这三个城市认知能力水平高，专利技术水平高。

图 6-8 机构基于距离的本地化效应
注：数据来自《罗森塔尔和斯特兰奇（2003）》中提供的本地化结果。水平轴表示两个同行之间的距离。垂直轴表示本地化效应，通过比例设置使软件行业 0~1 英里距离的本地化效应等于 1。相对于金属制品或机械行业，软件行业更需要集聚性，特别是在 0~1 英里距离内。无论哪个行业，当同行之间的距离在 1~5 英里之间时，同行距离优势明显下降；当该距离达到 10~15 英里时，同行在城市中因为选址而产生的差异效益消失，不过城市层面的整体效益仍可能存在。

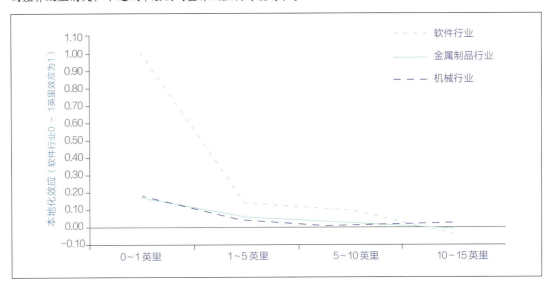

图 6-9 曼哈顿广告机构企业的本地化效应
注：数据来自《阿扎吉和亨德森（2008）》提供的本地化结果。水平轴表示两个同行之间的距离，垂直轴表示本地化效应，通过比例设置使 0~250 米距离的本地化效应等于 1。广告机构的本地化效应急剧减弱，在 750 米时变成 0。广告机构及其工作人员非常重视互联互通、相互合作、信息共享以及知识溢出，而这些必须依赖短距离才能发挥最佳效应。

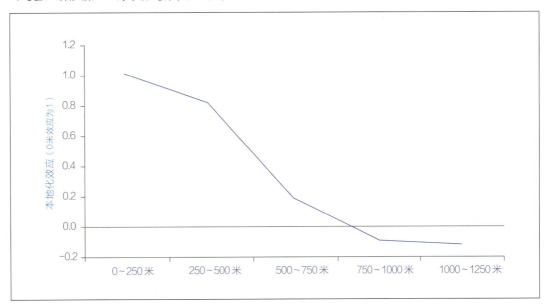

图 6-10 美国主要城市风险投资、专利与人口规模比较
资料来源：Aaron Chatterji, Edward L. Glaeser, William R. Kerr: CLUSTERS OF ENTREPRENEURSHIP AND INNOVATION http://www.nber.org/papers/w19013

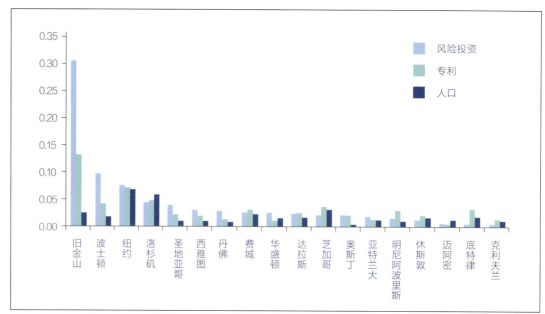

6.3.3 可持续城市创新活力和升级能力

6.3.3.1 科学发现与核心专利相互推动，带动城市创新能力不断提升

克尔（2010A）研究了前1%顶尖专利的空间分布，以及专利申请增长与顶尖专利的关系。数据包括了1975~1984年10个领先城市与次领先的10个城市专利申请的差别。在突破性发明的20年以后，突破性发明专利份额最大的十个城市的专利申请增长了20%，由此构成了城市动态演化特征。这样推演下去，当深圳的专利数突破2万件的时候，会产生什么效应？

大规模的人才将不断流入，人才会进入高突破性的城市。人才聚集越来越多的时候，这样的城市依赖什么发展？这样的城市跟顶尖技术突破有关，对于深圳而言，核心是保证人口的流动性与年轻化，同时使深圳的专利技术走向顶尖突破，突破的科学技术越核心，吸引的明星科学家就越多。

美国南部地区发展的新现象是，其发展与原有产业关系不大，而与科学家的相关性特别高，高突破性就会引来更高水平科学家的聚集。这可能对深圳的未来有很大影响，深圳现在专利很多，有很多顶尖的研究机构，顶尖的研究依赖于技术科学，所以深圳亟须建设大规模的科学装置和大学。

6.3.3.2 创业带动企业，相互溢出，构成创新集群

若前100名创新企业家发挥了至关重要的带动作用，当第二个100名创新企业家的作用下降时，

就是创新收益递减，创业与创新活动就会萎缩；反过来，第一个、第二个甚至是第三个或是更多的 100 位创新企业家聚集在一起的收益越来越大时，就会出现一座不同凡响的创新城市。我们曾经看到过硅谷、看到过北卡等等，今天的深圳开始登上了不同凡响城市的舞台。

创业会带动企业，企业的创新会带动相关企业的创新。最近股市上一个特征：凡是和华为有关联的公司股票都在暴涨，道理很简单，华为的突破就会带动其他产业链上相关产业的突破。城市也是类似，当一个城市产生大规模分工的时候，一个企业分工产业链条上的企业越多，它能够带动企业的成长就越多，这个城市就会越繁荣。假如我们做这样一个比较，一个城市的繁荣和这个城市的企业数量有关，我们可以把一个城市繁荣写成企业数量的函数，按人均、按单位（每平方公里），香港是中国企业数量最多的城市，它促进了香港的繁荣乃至于企业的活跃。企业创造企业，这是一个重要趋势。

6.3.3.3 形成合理的企业分工创新动态

Agrawal 等人（2010）研究了由一家大型公司所主导的"公司城镇"的创新特征。大公司往往成为创新的孤岛，研究往往是基于过去的经验，很少做前瞻性研发。大公司和小公司混合创新是高效的创新模式。一个大型创新公司与众多小型创新企业合作会是最优组合，这种混合创新保证了大企业的创新利益，也为创业企业提供了肥沃的创新土壤，特别是当创业企业家曾经是大企业的雇员时更是如此。

20 世纪 60 年代西雅图和底特律都是大型企业为主导的经济类型，分别拥有波音和通用这样的大公司。今天的西雅图是繁荣的，底特律是衰退的。差别在于，西雅图有由比尔·盖茨等代表的本地企业家，也吸引了外来企业家，共同形成了企业家群体。由此出发，创新政策要解决的关键问题是，如何形成本地不断成长的企业群体，产业集群被认为是实现这一目标的政策工具。我们要研究深圳的时候，常常会研究两组典型案例：

第一组：纽约 VS 匹兹堡。匹兹堡的企业家稀缺是历史上钢铁行业过度集中的体现，巨大的规模经济回报，潜在地挤出了更多的创业活动。相比之下，纽约的创业则充满活力，这种推动力来自早期分散的服装行业的传统影响。

第二组：波士顿 VS 硅谷。波士顿直到第二次世界大战后一直是半导体产业的主导者，硅谷取代波士顿在 20 世纪下半叶成为半导体业的制造中心。美国城市中大量创业小企业涌现和随后的就业增长之间有很强的相关性。

6.3.3.4 城市地位演化的核心是鼓励创新的制度

Duranton（2007）的理论模型研究了创新和城市增长间的关系，突出特点是解释了城市经济的增长过程，城市经济为何会扩张或收缩，产业在城市间移动变化的趋势。一个重要前提假设是，产业在城市间的区位选择决定于历史上突破性发明，例如，当波士顿是捕鼠器发明的最新前沿的城市时，波士顿就是捕鼠器行业的"家"。当孟菲斯发明了更好的捕鼠器，这个行业会从波士顿迁移到孟菲斯，行业在城市间移动要比城市规模上升和下降快得多。

一个城市能够持续繁荣，依赖于在一个产业上不断向前的创新过程。深圳走到今天，实际上就是产业不断创新的过程。假如深圳发现了捕鼠器，就去申请一个行政限令，限令只能深圳生产，其他城市都不能生产，就没有竞争者，那深圳就不用创新了，那么捕鼠器永远都是这样，不会再有其他城市出现新的捕鼠器。

当我们现在研究华为现象的时候，可以看到华为是从100名、50名、20名、10名，走到第1名，过程不易，然而现今又面临着与美国政府的冲突，面对不断强大的竞争对手，美国以举国之力要和华为打技术战。在这个过程中我们看到，创新核心在于鼓励创新的制度，如果没有产生鼓励创新的制度，只是技术、实验室、大学，很难走向持续的创新。

未来粤港澳大湾区能不能真正成为世界级湾区，核心在于创新能力，它不取决于有多少产业，而取决于这些产业能不能持续向上，持续在全球竞争中走向前沿。如果要走向前沿，需要有完善的知识产权保护制度、竞争制度，也需要政府能够提供公共研发平台，但最核心的是减少行政垄断。华为的成功就是打破行政垄断。

最后，需要说明的是，前面的分析基本上是以美国城市为代表，美国城市和我们最大的不同在于，美国是中小城市化、大规模郊区化的过程；亚洲城市最重要的特点是核心聚集能力在市中心，核心区域效率高。未来核心区域还会不会保持高效率，不一定。如何参考美国的经验，走向认知能力为基础的创新过程，是我们要持续研究的。

【作者：唐杰，哈尔滨工业大学（深圳）经管学院教授；
整理者：孙文勇，中国城市规划设计研究院深圳分院粤港澳数字湾区中心，主任工程师】

6.4 强化香港成为大湾区国际商务核心的策略考虑

6.4.1 香港是大湾区的国际商务核心

粤港澳大湾区城市群共同面临新时期的新定位，香港承担了作为大湾区的世界级商务核心枢纽的功能，其中包括国际金融、运输、贸易中心和国际航空枢纽，全球离岸人民币业务中心，国际资产管理中心和风险管理中心，高端金融、商业和贸易、物流和专业服务中心，创新科技与新兴产业孵化中心，亚太地区的国际法律和排解纠纷的服务中心，具有竞争力的国际大都会等。香港发展的核心优势主要在于以下几方面。

6.4.1.1 优势一：企业国际联系支点

香港近年海外公司急速增长，据香港投资推广署数据显示，2018年和2017年境外公司在香港年均增长了6%左右，地区总部型企业逐渐成为联系内地和国际业务的窗口，2018年香港有1162间地区总部，除了负责香港的业务与运作外，也负责中国内地的业务与运作。

6.4.1.2 优势二：企业金融集资中心

香港是内地企业重要的离岸集资中心，自1993年内地的股票在香港上市以来，内地公司在香港集资额达6万亿港元。

图6-11 2018年按区内地域责任（香港除外）划分的地区总部数目
资料来源：香港政府统计署

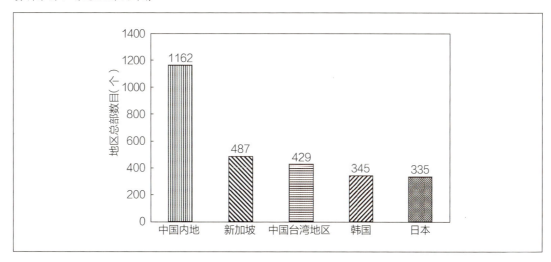

图 6-12　香港金融对内地企业的支持
资料来源：香港交易所、香港贸发局

6.4.1.3　优势三：初创企业孵化中心

香港为初创企业提供适宜成长的创新生态环境，近年伴随政府支持力度的加大，香港初创企业数量不断增长，就业人数不断增多。良好的企业初创生态吸引了大量中国内地及国外的企业集聚。据统计，目前35%的初创企业来自于中国内地、英国、美国、欧洲等。

6.4.2　强化香港的商务核心策略

6.4.2.1　策略一：壮大存量强化功能

香港需要通过壮大存量开展新的CBD建设。在全球的金融中心中，香港（中环）优质写字楼存量占纽约（曼哈顿）不到10%，占新加坡50%左右。纵观国内外城市CBD发展历程，都以新区域开发建设提升商务中心实力，如伦敦码头区（Docklands）、巴黎拉德芳斯（La Défense）等。珠三角各个城市也掀起了开发新CBD的热潮，如广州珠江新城、深圳前海、珠海十字门商贸区、东莞滨海湾新区等。在粤港澳大湾区CBD总量增长的趋势下，香港需要增加CBD的总体规模，提供优质的写字楼空间，容纳更多国际金融服务、商贸服务及专业服务等经济活动在香港进一步发展。

6.4.2.2　策略二：构建多组团空间结构

通过营造香港多组团的CBD，缓解商务核心区的短缺问题，以应对写字楼空间的长远需求。香港策略规划《香港2030+》规划多组团的空间结构，提出建立三个CBD的设想。

CBD^1——维港核心区：中环是CBD^{1}的传统核心，目前发展接近极限并出现了3大挑战。第一，大量业权分散的写字楼建筑物出现老化现象，25年以上的楼龄占比达到57.5%；第二，乙、丙级写字楼品质亟须提升，甚至有重建的需要，但分散的业权增加了全面品质提升或重建的难度；第三，黄金地段的写字楼供应有限。根据香港规划署2017年的预测，未来核心区甲级写字楼供给严重不足。目前中环的写字楼空置率维持在低水平，而租金仍是全港最高，并大幅抛离其他地区，反映了对维港核心区甲级写字楼总体需求仍然殷切。

CBD^2——九龙东：九龙东是存量发展的潜力型CBD。目前推动九龙东发展成效明显。通过推动传统工业区内大量现存工业大厦的升级转型和重建，及启德发展区内办公楼枢纽的发展，塑造充满活力、智慧、多元化的CBD。未来九龙东将供给大量高质量的、租金更有竞争力的、环保的、低碳的办公楼，成为香港办公楼面积存量最大的CBD。

CBD^3——东大屿都会：东大屿都会将是新兴的全面综合规划发展的低碳型智慧CBD。伴随东大屿都会的交通网络建设，未来将能加强香港岛与位于北大屿山（双门廊）之间的交通联系，强化与香港国际机场（国际门廊）及港珠澳大桥香港口岸（区域门廊）的交通连接，使香港的3个CBD更畅通连接世界，更便捷联系大湾区其他城市。

6.4.2.3 策略三：改善职住空间平衡

通过发展新界北部，提供就业机会改善职住空间分布。目前全港职位及居住人口的空间分布极不平衡，超过3/4的就业机会集中在都会区，而新界北就业机会相对较少。在新界北部的居住人口持续增长的必然趋势下，职住空间分布不均衡状况将会持续恶化，影响市民的生活质量。

北部经济带是《香港2030+》规划里重要的发展带，包括以下发展项目：

古洞北及粉岭北新发展区：古洞北及粉岭北新发展区是协同落马洲河套的重要区域。通过园区模式进行22公顷经济用地开发，未来约规划14公顷的商业、研究与发展用地、8公顷研究与发展用地，以容纳约4万个工作职位。

元朗南新发展区：元朗南主要通过将比较混杂的、低端的大量的棕地进行改造，供给约1万个工作职位。

落马洲河套地区：是深港合作的重要区域，未来面向高新科技发展，其中港深创新及科技园将营造知识和科技交流枢纽，成为大型创科平台和研究合作基地，吸引港深及海外的顶尖企业、研发机构和高等院校进驻。

洪水桥新发展区及新界北商务核心区（CBD^{NTN}）：洪水桥新发展区拥有毗邻深圳前海的交通区位优势，已规划的经济用地能够容纳15万个工作职位。新发展区内将设立西铁洪水桥站，邻近片区将发展成为新界西北部的经济活动枢纽。站旁广场的地下空间能容纳铁路站，可建铁路连接前海自贸区。提供有利条件将洪水桥新发展区提升为新界北商务核心区，一方面可以促进内地和香港的科创行业交流，协助海外企业进驻内地市场，另一方面将带动北部经济带的全面发展，促进港深融通与香港职住均衡。

新界北新市镇：新界北新市镇是连动莲塘/香园围口岸的区域。通过新界北新市镇的开发与交通网络的完善，缩减由香港通往深圳东部及粤东地区的时间，从而促进粤港澳大湾区的深度交流，推动长远经济发展。

通过对600多公顷的棕地改造，启动4个新发展区以新市镇模式作综合规划发展，推进落马洲河套发展，并开发新界北新市镇作为新的策略性发展极，北部经济带内规划的经济用地将容纳约40万个工作职位。只要用好香港与大湾区其他城市（特别是深圳）日益密切的经济互动，北部经济带将产生强大引力，吸引企业进驻，创造职位，促进香港职住空间均衡分布和港深融通。

为强化香港发展国际商务核心的地位，需要优化商务中心存量、构建多组团的中心及改善职住空间3个策略相辅相成，同时需要4个CBD功能协调配合。

CBD^1：提供最高级别的国际金融和商业服务。

CBD^2：通过提供租金相宜、形式较多样化的工作单位，促进各种商业服务的蓬勃发展。

CBD^3：通过智能科技发展与交通建设，促进CBD^1的优化和更新。

CBD^{NTN}：利用深港日益增长的经济交流，加强香港与大湾区其他城市的联系，改善香港的职住平衡。

【作者：凌嘉勤，香港理工大学赛马会社创新设计院总监、香港规划师学会原会长、香港规划署原署长；整理者：解芳芳，中国城市规划设计研究院深圳分院规划研究中心，研究员】

第 7 章
全球疫情冲击下的健康湾区思考

7.1 健康视角下的大都市圈结构思考

7.1.1 流动与三大网络

流动是世界的本质。生命在于流动,经济也在于流动,流动是世界存在的特征。自然要素的流动形成自然网络,经济要素的流动形成经济网络,社会的组织和管理形成社会治理网络。三大网络相互依存、相互作用,推动文明的进展和城市的发展。

7.1.1.1 自然网络

自然生态系统各个部分存在物质循环和能量转化,河流水系是自然生态循环系统的重要一环,促进大自然物质、能量与信息的交换。

7.1.1.2 经济网络

经济贸易流动是社会发展的基础。分工促进经济的发展,有分工就有流动和交易。过去经济网络随着贸易线路而扩展,促进世界经济由孤立到连接;现代经济网络以"流空间"为支架("流空间"概念由卡斯特提出,指全球信息网络的物质或非物质组成部分),伴随全球化与信息化双重浪潮的推进,多个网络节点参与生产分工,逐渐形成"流空间"为链接形态的全球生产网络。

7.1.1.3 行政网络

为了进行社会组织与管理,人类建立了以行政架构为基础的社会治理网络,行政网络是等级网络,具有很强的执行力。

7.1.2 三大网络关系及阻隔带来的挑战

7.1.2.1 自然网络和经济网络

自然网络塑造地域文化特色，影响城镇分布格局。河流水系是塑造地域文化的重要载体，历史上广东的城市多沿河流分布，尤其是靠近江河下游的干支流交汇区域，水运区位好，易形成人口高度集聚的大型城镇。

构建连接世界的经济网络对于城市发展至关重要。全球化之下，"流空间"兴起，对"流"的"捕获"能力决定区域经济的成败，地域单元通过基础设施网络的快速扩张在"流空间"中获得"中心流"的区位，同时不断加强城市节点的价值，以节点支配"流"要素，进而支配区域。珠三角这个全球制造业基地发展的过程，就是城市以大量基础设施连通世界的网络构建过程。

经济网络支配新型地方空间建构，逐渐压制自然网络。随着全球化联系的进一步扩大，社会经济发展对产业、人口、城市聚集速度和规模的追求，引致河流空间受侵占，物理形态被改变、水质恶化、资源超载及陆域生态系统受损等生态问题，自然网络受到阻隔和压制。

7.1.2.2 全球化下的经济网络和行政网络

经济网络与行政治理网络密切相关。殖民地时期的环球贸易网络依存于帝国的扩展，沿着海运线路展开；第二次世界大战之后，工业革命与民族国家的崛起改变了这一进程。随着全球化进一步演进，随着现代跨国公司的兴起，经济网络再次逐渐突破了国界的局限。

行政网络尺度的重组影响经济要素的流动。改革开放引进跨国投资的进程，就是政府对行政管理不断进行尺度调整的过程。通过将部分行政力下放来保证城市的灵活发展，促进经济的流动分工，这个过程中城市在郊区新建了大量的产业园区，以园区为增长极的快速发展使得我国逐渐成为世界工厂。近年来，随着城市群概念的提出，行政治理尺度又出现上移，城市群成为我国空间组织的重要形式，从更大的空间尺度协同城市、城乡之间的发展，协调城乡建设与人口分布、资源开发、环境整治和基础设施建设布局的关系。

7.1.2.3 行政网络和自然网络

自然网络在经济与社会网络的影响下也存在管理尺度的重组，如以流域为单元，构建流域管理区与管理机构，在多尺度下治理生态问题。新时期下，面对极端天气频繁、环境治理严峻的新形势，如何通过调整行政管理的尺度来保障自然网络系统的健康是非常重要的问题。

7.1.3 疫情下的启示

新的贸易保护主义盛行，对经济网络的流动产生阻隔，如何调整管理尺度以适应经济网络的变化？新时期新形势下我们需要对三大网络的关系再作思考。

新冠肺炎疫情是人类文明面临的一场"大考"，我们目睹了网络隔断的发生及其对人和社会产生的影响，也给我们带来了启示。

7.1.3.1 应对传染病发生的阶段性措施

传染病传播依赖三个环节，即"传染源"—"传播途径"—"易感人群"，针对各环节可采取以下应对措施：

1. 切断传染源

19世纪中叶，为应对工业化带来的城市公共卫生问题，现代城市规划应运而生，政府以城市规划为重要工具，通过控制和引导物质空间开发来减少污水、垃圾等传染源潜伏的介质，消除传染源以预防传染病。

2. 保护易感人群

世卫组织（WHO）在1986年开启"健康城市运动"（Healthy City Project），目的是促进居民体力活动以提高易感人群的体质。这项运动得到了世界各地尤其是欧洲国家的积极响应，意大利、西班牙、英国是健康城市运动的佼佼者。然而，本次新冠肺炎疫情发生后，这三个国家均为全球新冠肺炎死亡率前10的国家，同时也是累积确诊病例前10的国家。显然，健康城市运动对于此次突发疫情的防治并未发挥出明显的积极作用。

3. 控制传播途径

面对此次新冠肺炎疫情，我国在"传播途径"环节采取了有效应急措施，取得了突破。政府采取强制性隔离措施切断疫情传播途径，并对患者进行集中性的治疗。隔离方面，在"城市—社区"两级隔离单元，采取城市封城和社区隔离的防控模式；治疗方面，在"城市—区"两级管理单元，开辟应急空间作为临时收治中心，包括城市层面的定点治疗医院和区层面的方舱医院。

图 7-1　应对传染病的环节示意图

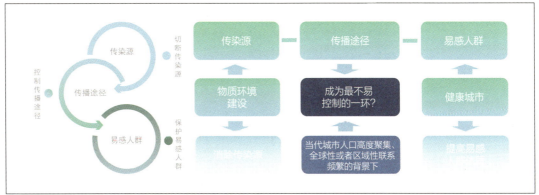

7.1.3.2 疫情对城市规划管理的启示

在我国防疫工作取得巨大成就的同时，也暴露出一些问题，即过去以城市为主体单元的城市规划管理体系，缺乏在社区层面的资源调配能力。一是以城市为单元的健康城市建设缺乏社区层面的协调机制；二是健康城市建设是以保障人民健康福祉为宏大目标的，缺乏对于维持居民基本"生命支持系统"底线标准的考虑；三是健康城市建设偏重社会属性，缺乏空间属性，这就导致疫情期间出现社区缺乏基本设施供应（如运动场所）等现象。

因此，我们要重新思考如何通过恰当尺度下的城市管理与建设，保障人的生命活动和生活质量。

这需要建立起三个思维：一是针对突发疫情采取快速隔离与治疗的有效性；二是在疫情影响长期化背景下需关注生命支持与生活质量的人性化；三是充分考虑不同尺度和区域疫情风险和管控模式差异性的空间属性。

具体做法上，需建立"社区—区—市"多级分工且相互支持的防疫体系：一是建立以社区为基础、凸显空间属性的防疫空间单元；二是构建以人为核心的多层级生命支持系统；三是构建以有效隔离为导向的多级防疫体系[1]，从而实现网络隔断与流动并存。

以社区为基础凸显空间属性的防疫空间单元　　　　　　　　　　　　　　　　　　　　　　　　表 7-1

要素	防疫管控体系	生命支持体系
空间尺度	隔离防疫的最小单元	支持生命系统的基本单元
边界	可封闭的物理边界	—
物流交界面	医疗等应急物资供应点	社区超市（便利店、菜店）等基本物资供应点、外卖、快递收点
出入口控制	人流管制、测温、场所消毒	动态监测
医疗设施	备用隔离观察设施	日常保健类供应设施（药店）
服务设施	垃圾（废口罩等）收集处理	绿地和开放空间
	传染病病人运送通道	健康步道等运动设施

根据疫情发展形势，防疫的空间尺度需适时调整，以达到更佳的防控效果。目前我国已进入新冠肺炎疫情的"新常态"阶段，疫情向全球进一步扩展，我国疫情管控主体尺度不断上移，已转变为以国家（口岸）为主导的防控管理体系。

新冠肺炎疫情的防疫，带给了我们三个启示：①找准问题，措施得当，能够实现超越；②要实现隔断与流动并存，建立多级的相互分工而相互支持的体系很重要，社区—区—市各自角色不可或缺；③随着情况的变化，防疫的空间尺度要适时调整。

1　以城市为单元，满足物质供应，以社区为细胞，满足人的生命活动支持，城市与社区之间在严格管控下形成微循环。

图 7-2 以人为核心的多层级生命支持系统

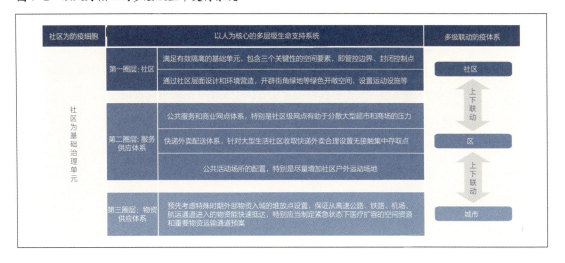

7.1.4 大都市圈多维结构的思考

随着全球化进入新阶段，在贸易摩擦不断、国际贸易受阻的背景下，我国提出"一带一路"倡议和"国际国内双循环"模式，应对全球经济网络的阻隔与再造新循环成为城市发展的新逻辑，三大网络也将由此展开演变。在这种背景下，健康的、可应对多维挑战的大都市圈结构如何构建？

7.1.4.1 适应全球化新时代，构建大都市圈经济创新体系

在全球化新阶段下，应以都市圈为单元构建"城市内循环"+"全球外循环"的经济创新体系。以美国旧金山湾区为例，湾区以硅谷为核心，通过101公路连接谷歌、英特尔等高新技术企业以及斯坦福等大学及金融机构。湾区城市密切合作，中心区为企业提供资金、劳动力等专业服务，大学为企业提供公共服务和创新技术与人才，资金与信息支撑企业形成内循环，总部企业走出去参与全球贸易的外循环，形成全球化的经济创新网络。总部企业（特别是生产制造企业）多分布在两个城市网络的交界地带，依托网络之间的边缘效应，发展总部经济并带动配套提升成为优势地区。

位于佛山顺德区的美的企业，利用佛山制造业网络与广州服务业网络，成长为总部企业。综上，经济发展是以区（县）为细胞，以都市圈为单元，形成内外循环的创新体系。应对全球经济网络的阻隔与再造新循环形势，粤港澳大湾区企业要走出去在全球各地设立分支机构进行生产，需要在都市圈的尺度下建立庞大的本地支持系统，通过内循环为企业提供人才、研发、资金、税务等各方面支持。

7.1.4.2 构建大都市圈生态、经济、公共服务维度三大网络结构

流动是世界存在的特征，以水系为支架的自然网络、以流空间为骨架的经济网络和以行政体系

为基础的社会治理网络，是既相互依存又相互作用的三大网络，而在全球化新阶段下，应对全球经济网络的阻隔与再造新循环，成为地区和城市发展的新逻辑，在这种背景下，粤港澳大湾区要对都市圈管理架构作出调整，建立可应对多维挑战的大都市圈结构。

应对多元挑战的都市圈应构建如下三大网络体系：一是经济发展方面构建以区（县）为细胞、以都市圈为单元的内外循环创新体系，因为区才能在好的区位，提供好的公共服务，为企业提供支持；二是公共服务方面，以社区为细胞，以城市为单元，构建"社区—区—市"三级公共服务设施体系；三是自然方面，以河流为骨架、以流域为单元组织生态要素与空间。三大网络相互依存、相互促进，推动城市与文明的发展，形成健康的都市圈结构。

【作者：马向明，广东省城乡规划设计研究院总工程师；
整理者：罗方格，中国城市规划设计研究院深圳分院规划研究中心，研究员】

7.2 疫情影响下的国际国内产业格局与中国发展策略

7.2.1 疫情对全球新一轮的产业升级不会产生重大影响

新冠肺炎疫情在中国虽已基本平息，但在国外远没有结束。2020年第二季度世界上主要的经济体几乎是全部负增长，美国经济萎缩了9%，日本下降了10%，欧元区甚至下降了12.1%，只有中国经济一枝独秀，实现了3.2%的正增长。由于中国在世界范围内率先战胜疫情，促使全球制造业进一步加速向中国聚集。

7.2.1.1 中国成为全球疫情下首个安全岛，全球制造业进一步加速向中国聚集

2020年第二季度，中国在全球出口市场份额中占比迅速回升。中国2019年出口占全球的份额是13.1%，2020年第一季度受疫情冲击，出口下滑，比例降到11%，但从第二季度开始强劲反弹，猛增到20%。到2020年8月份，中国已经实现贸易顺差4165.9亿元，同比增加74.4%。

中国凭借健全的产业链和率先复工复产的优势，赢得了全球产业资本的青睐，化危机为机遇，进一步强化了其在制造业的优势地位。出口增长的原因并非全球需求增加，而是其他国家供应能力下降导致了更多订单转移到中国。2020年5月，中国实际利用外资同比增长7.5%，表明外资仍在加大对中国的投资力度，部分外资企业从原来只在中国负责组装和采购非核心零部件到转向全面与国内供应商合作。

中国制造业产业链安全可靠的优势逐步凸显，制造自动化、智能化升级势头强劲。根据国家统计局的最新数据，2020年8月，中国装备制造业和高技术制造业同比分别增长10.8%和7.6%，远高于同期规模以上工业5.6%的增速，其中工业机器人产量猛增了32.5%，连续两个月创造历史新高。

7.2.1.2 美国在科技领域仍然优势明显

美国的高科技产业在全球的龙头领先地位依然稳固。虽然新冠肺炎疫情期间美国的GDP出现较大幅度的萎缩，但疫情冲击的主要是中低端制造业和服务业，对高科技产业和科技创新的步伐影响很小，疫情期间美国主要的科技龙头企业的股价累计平均上涨大概30%。

支撑美国科技企业发展两大关键因素分别是：

第一，大量的科技创新公司在疫情冲击下表现出极强的弹性和适应能力，通过线上交流、远程办公等形式实现了疫情下工作的常态化。

第二，美国高科技产业的生产制造环节链条基本没有受到美国本土疫情和社会动荡的影响，其

科技产业的下游产业链已转移出美国,而随着中国等亚洲国家和地区制造业下游产业链复工复产,保障了高科技产业链全链条的正常运行。

7.2.1.3 高科技领域是大国博弈和全球产业竞争的焦点

通过对2020年这两个季度全球产业发展形势的观察,我们得出一个基本的结论:此次新冠肺炎疫情基本上不会对全球新一轮产业升级的趋势和节奏产生重大影响。依托"中国的制造业体系"和"美国的技术创新体系"两大"定海神针",全球的产业格局仍在原有的技术创新路线的驱动下前进。

此次疫情期间,不管在中国还是美国,数字经济都成为对抗疫情的一大法宝。中国的数字经济企业和以数字经济为主的城市,在此次疫情中都经受住了考验,交出了令人满意的答卷。

与此同时,美国出于政治目的加大了对中国高科技产业的打压,不仅让中国,也让全世界都看清了全球产业格局竞争的主战场所在——关键高科技领域。该领域的竞争是下一阶段大国博弈和全球产业竞争的焦点,中国包括粤港澳大湾区的发展策略和产业发展应对都必然要围绕这个焦点展开。

7.2.2 全球产业升级的逻辑主线:围绕电子信息产业的技术创新

第二次世界大战以来的全球产业升级的核心驱动力主要来自电子信息产业的创新。美国如今在全球的创新中心地位主要也是由电子信息产业的创新奠定的。其他产业的创新很大程度上都是电子信息技术渗透和驱动的结果,这也是这次产业革命与第二次世界大战前的两次工业革命最大的区别。

7.2.2.1 电子信息产业创新的三条主线

电子信息产业内部的创新大致分为三条主线:一是以芯片制造为核心的半导体产业;二是以编程算法为核心的软件产业;三是以数据传输技术为中心的电子通信产业。其中半导体是基础载体,软件算法是灵魂,通信是枢纽。这三个产业每一次的阶段性进步都会带动新一轮的大规模产业变革的浪潮,创造出数不清的商业和财富机会。

当前半导体领域处于平稳且逐步放缓发展阶段。半导体的进步阶梯最著名的是摩尔定律,即一定体积内集成的电路数量每24个月翻一倍。但从当前的技术路线看,支撑摩尔定律的技术路线的物理极限正在被逼近,半导体硬件的升级速度正在变慢。

但在软件产业和电子通信产业这两个领域则出现了革命性的技术,它们将继续推动新一轮的产业升级。

目前,软件领域最大的革命性技术是机器学习算法的革命。机器学习最重要的应用领域是数据处理和科学创新，比较核心的算法还有物理和工程的仿真算法。仿真是连接数字世界和现实世界的关键节点，电子信息产业对其他产业的驱动很大部分是通过仿真技术来实现，美国目前仍然是仿真领域的全球垄断性龙头。

信息通信领域的新革命就是以5G为代表的新一代通信技术。它相对于之前的通信技术具有大容量、低延时和高稳定性的特点，广泛应用于从手机终端到供应互联网到物联网的诸多领域。中国的5G网络即将建成，比如龙头城市深圳已经完成5G的全覆盖，但是目前还没有出现热门的应用场景，正处在从网络覆盖向产业化应用的摸索阶段。

7.2.2.2 下一代科技和产业创新系统将引领新一轮的全球产业升级

决定行业变革的三个关键领域已经有两个出现了可以产业化的革命性技术。机器学习算法经过这些年的发展，发展模型已经基本成熟。2019年、2020年机器学习的顶级会议论文已经开始更多地从关注算法向关注具体的应用领域过渡。

在机器学习算法的前沿产业化应用方面，比较典型的例子是：2020年9月2日，美国英伟达公司发布了英伟达RTX30系图形处理芯片GPU。这一芯片英伟达公司在不到18个月就实现了芯片数据处理能力翻倍。芯片的工艺从10纳米进步到8纳米不足以让计算能力翻倍，其革命性技术是英伟达自己研发的DLSS2.0以及Tensor core技术，这便是机器学习算法革命所带来的产业应用实践。

下一代科技和产业创新系统的基本特点是以算法革新推动为关键，形成以机器学习算法为核心，以物理仿真算法、分布式数据库技术以及5G等新一代信息通信技术为外围，以新一代超级计算机、超大规模数据存储、泛在物联网为载体，通过在新一代云计算操作平台上运行各种基于机器学习模型的创新工具，以及针对各行各业管理、研发和工业控制的工业软件平台。

这一创新系统好比人类的神经系统，物联网是神经末梢负责终端的数据收集，新一代高速通信网络是主干神经网，负责将这些信息上传到云计算中心，机器学习算法或者人工智能就是这个大脑的中枢神经，负责分析数据、研发创新和做出决策。今后各个产业都将在这个系统的控制下运行和寻找升级的方向，下一代科技和产业创新系统将会成为人类未来数十年几乎所有科技和产业创新的源头或者关键的驱动力。

这一轮产业的变革首先是源于基础数学理论的进步和基础数学理论的提出，其后不断开拓各类实践探索。2012年，加拿大多伦多大学的机器算法夺得全球图像识别比赛的冠军；Google公司也在2012年实现了让计算机能够从1000万张图片中单独识别猫脸；2016年，Alpha Go战胜李世石，达到关键领域的算法改进。2020年美国英伟达新一代GPU面世、微软全球高精度建模的应用，表明深度学习算法已经在前沿科技领域实现了产业化的突破。

未来五年这些前沿领域的技术突破会带来人类计算能力的飞跃和学习算法的更广泛的应用。在这个基础上其他领域的科技创新才能产生新一轮的跃升，然后再出现新一轮的产业的变革和新业态的出现。

7.2.3 大湾区如何突围新一轮的全球产业变革

这一轮的产业变革可大致分为算法革命、科技创新、产业变革和消费、服务的创新浪潮4个阶段。当前全球处在中早期阶段，机器学习的算法平台、云计算和物联网的操作系统，对应的仿真和工业软件、科研创新平台等都还未统一，中国作为后发者仍然大有可为。

电子信息产业是中国参与全球高科技产业竞争的主战场，粤港澳大湾区一直以来是我国电子信息产业的高地和主阵地。不论是中国或者是粤港澳大湾区，面对上述产业格局变化，未来可以从三个方面入手：

一是积极构建以机器学习为核心的新一代高科技创新系统。从建设底层创新体系着手，探索5G通信与机器学习创新系统的全面融合，打造基于新一代科学创新系统的核心竞争力。

二是深入研究新一代科技产业系统的价值链环节，将新业态、新技术与空间理论结合起来。不同层级的区域实际中都可以规划发展5G、人工智能产业链，重点是结合自己的区位特点，确定发展的价值链环节。

三是推动以机器学习、5G、仿真算法、云计算构建的创新系统在传统行业的应用。传统技术创新既可以依托算法实现进一步的提升改进，同时为新算法的进步提供广阔的应用场景。

当前在互联网与实际经济的结合上，长三角区域做得较好，不仅涌现了阿里巴巴等电商巨头，合肥、杭州等城市也都在积极推动工业4.0建设。在新一轮的算法革命、产业革命中，粤港澳大湾区应该紧抓机遇，把西岸大量的传统中小制造产业集群与最新产业集群的需要和科技创新体系密切结合起来，积极参与引领下一代的科技和产业创新系统的构建。

【作者：李晓鹏，国务院发展研究中心国研智库产业经济研究部主任；整理者：陈少杰，中国城市规划设计研究院深圳分院规划研究中心，研究员】

7.3 疾病、侦探与数据

7.3.1 数字侦探案例一：基于人流迁徙数据的疫情分析

7.3.1.1 第一步：线索搜集

2020年1月20号，整个中国新冠肺炎疫情信息的披露制度刚刚建立，在当时所填报登记和发布的疫情数据中，除湖北以外，在全国多个城市有病例分布，尤其是像北京、上海、浙江、广东等省市有较多感染者，但当时整个湖北270例全部集中在武汉市，武汉市以外几乎没有感染者，此数据非常值得怀疑：因为这个疾病已经流动到省外的城市，那在省内会不会已经扩散开了？

除疫情数据，还通过腾讯官方和百度指数收集了2018年、2019年同期武汉市流出的人群流向数据（流向城市及流量大小），根据城市的关联性分析，并通过2018年、2019年数据推测2020年特征，部分省内城市与武汉市关联性较高，因此猜测湖北省除武汉外其他城市没有得到有效监测或存在统计瞒报，以及是否情况的严重性被低估？

7.3.1.2 第二步：案例借鉴

新冠肺炎疫情的传染与2002年的SARS传染方式及传染速度非常相似，SARS有4个阶段的传播路径：

1. 第一阶段，从野生动物传播到人

由于直接接触野生动物的人群数量有限，所以第一阶段的传播影响人群是有限的。

2. 第二阶段，在省内中心城市和周边城市扩散

在疫情发展初期，广州迅速成为广东省SARS疫情的重灾区，并最终扩散到全省区域，病例主要集中在珠三角的佛山、广州、深圳、中山和江门等5个城市以及临近的香港等珠三角城市群主要节点。

3. 第三阶段，通过广东省直接扩散到全国乃至全球多个城市

第三阶段的真正开启是2002年2月8日广东省内疫情达到高峰，并在2月中随着春节人员返乡传播到四川、湖南，2月下旬开始大规模扩散到城市群以外的全国、全球城市网络节点——山西、香港、河内。

4. 第四阶段，通过其他城市的感染者扩散到更多省市地区

SARS从其他城市对外扩散过程：从香港传播到内蒙古、福建、上海；从内蒙古传播到宁夏；从山西传播到山东；从北京传播到浙江、吉林、河北、天津、甘肃、江苏、重庆。

7.3.1.3 第三步：逻辑推理

2020年1月21日公布的国内所有病例均与武汉有关：多个武汉以外城市有疫情发生，且武汉市以外的感染者大多与武汉有过接触，尚未看到有"与武汉无直接联系者"感染新冠肺炎的报道，可见，全国的疫情应该已经进入到第三阶段，因此武汉所发生的疫情在1月21号应该已经经过了第二阶段：在武汉都市圈，乃至长江中游城市群已经产生了一定规模的传播。

7.3.1.4 第四步：得出结论

湖北省内多个城市存在疫情状态被低估、未被有效监测和统计瞒报的可能性，武汉都市圈内各城市（黄石、鄂州、黄冈、孝感、咸宁、仙桃、天门）为重点潜在疫区。

根据传播特征以及人口流动分析，与武汉联系度较高的省外城市，如长沙、岳阳、广州、东莞和昆明等城市同样为疫情高风险地区。

潜江市在2020年之前的两年同期春节期间和武汉市之间的联系是非常弱的，所以认为潜江可能不会有很强的疫情风险。

后续所有的运行数据都证实了结论判断，比如潜江是湖北疫情控制最好的，除潜江市政府防疫工作做得好，主要还是因为潜江与武汉市在春节前期的联系较弱。

7.3.2 数字侦探案例二：基于谷歌搜索数据对全国疫情数据分析

首先是对关键词筛选，根据新冠肺炎的症状、搜索频次等，找到几个比较显著的关键词：咳嗽、发烧、喉咙。

分析发现，中国、韩国、意大利的关键词搜索行为与当天疫情新增确诊病例的数据并未有较强的相关性，但关键词曲线的起伏与后续一段时间内疫情走势存在一定程度上的一致性，即用户对关键词搜索上升的后几天，确诊病例数据出现类似的上升。中国确诊病例走势线与关键词搜索趋势大概是4天的滞后时间差，韩国、意大利大概是3天，日本大概在5天左右。由此可见，从关键词的搜索行为可能可以提前3~5天推测确诊病例数走势。

根据各个国家在2~3月份对以上三个关键词搜索的行为和趋势判断，欧洲大部分国家在3月初搜索趋势加速，3月应是处于疫情加速爆发期；美国和加拿大在3月均处于爆发期；南美地区在3月暂未有强烈的爆发，但搜索趋势有明显的上升；西亚地区的伊朗应该是较为严重地区；墨西哥和俄罗斯在3月还没有大爆发的迹象；而印度，在2月搜索量有明显大幅增加，但公布的确诊病例较低，可能是检测的滞后。

7.3.3　健康社区视角下数字侦探

茅明睿团队在北京的双井街道构建了取名为"井井"有条的城市大脑系统，也是北京建立的第一个街道级的大脑系统。在系统当中开发了防疫登记、管理等相关模块以及环境污染的分析模块等。

在双井街道，综合执法车常用来做治安巡逻、城市管理巡逻，茅明睿团队将研发的综合集成的环境传感器改装放入综合执法车上，将执法车变成一种环境指标移动监测站，通过环境传感器，可检测执法车周边空气质量、噪声、异味等指标。

车在巡逻过程中会持续不断地采集环境数据。由于每一辆车每天从早上7点到晚上12点按照固定路线巡逻，因此可以持续不断地在10秒钟的间隔收集各类环境数据，而且是一个连续的、稳定的数据采集。通过将回传数据合成于25米网格的单元上，最终得到一个微观尺度的环境监测数据，再从各网格的数据可以判断双井街道中哪些地方出现了空气质量、噪声的异常等等。茅明睿团队同时还开发了数据推送系统，当得到这些异常点之后，异常点的位置立即通过数据推送系统推送至执法车监察人员的平板电脑中，当下一次再走到这个位置的时候，可以去拍照和填报相关信息，如为什么这个地方有异味、有噪声，$PM_{2.5}$飙升了等等情况，填写之后数据可迅速回传到城市大脑系统，并通过大脑系统调度解决。通过这样的工作运行方式，双井街道的垃圾暴露相关问题减少了44%，市民关于环境问题投诉下降了20.8%。

通过分析连续收集的一整年的微观尺度的环境数据，不仅能够预测街道每天的环境会怎么样，还可以通过沉淀下来的数据建模，从城市功能、建成环境、空间形态等空间干预的角度研究一些城市管理无法解决的环境问题，从而提升街道和社区的环境品质，营造健康街区。

7.3.4　数字侦探时代

SARS处在一个新信息的稀缺时代，而现在是一个多元信息的时代，可以通过网络、媒体获取各种数据信息，包括官方披露的信息、人口的流动信息、搜索行为信息等。在这样一个信息过载的时代，数据侦探到底能做什么？其实更多的是做信息的甄别，通过领域知识来判断披露数据的增加情况，通过关联的数据去洞察异常，并可通过关联指标去预测趋势。

数据侦探对于健康城市来说，第一可以帮助洞察事物的真相，第二可以帮助诊断城市的问题，第三可以帮助创造健康的未来。在信息过载的时代中，健康城市的监测、分析、预判和实施建设需要方便快捷的数据采集方式、有效的分析模块等加以辅佐，让数据更好地为短期的城市管理和长期的城市设计与规划出谋献策。

【作者：茅明睿，城市象限科技有限公司CEO；
整理者：蔡湘瑶，中国城市规划设计研究院深圳分院粤港澳数字湾区中心，研究员】

后记
Postscript

自2017年粤港澳大湾区被纳入政府工作报告上升为国家战略以来，2019年的《湾区纲要》进一步明确了大湾区的发展目标与方向，《示范区意见》对深圳继续发挥引领示范作用提出了新的要求。而2020年的全球新冠肺炎疫情所催生的世界格局的巨变更是加剧了粤港澳大湾区未来发展所面临的挑战，但制度与科技的持续创新基因仍会让大湾区保持着高度的发展韧性和应对弹性，以更好的成绩完成国家所赋予的高质量发展典范的使命。

本书是在2019年、2020年两届粤港澳观察蓝皮书会议材料的基础上，收录第三届（2019年）、第四届（2020年）湾区对话会议成果及"城PLUS"的相关微信文稿，整理形成。本书主编为范钟铭、方煜，执行主编为赵迎雪，具体负责组织协调全书的研究思路、工作框架与编写内容，其中，石爱华、赵亮负责全书文字统筹，孙文勇、许丽娜负责图纸统筹与版面设计指导，具体各章节参编人员如下：第一部分湾区观察，第1章：全球趋势部分由刘岚完成；湾区判断部分由孙文勇、樊德良、樊明捷、石爱华完成；方向路径部分由邱凯付、刘岚、赵亮、樊明捷、张馨月、石爱华完成。第2章：生态湾区部分由牛宇琛、郑琦完成；人文湾区部分由白晶、冯楚芸、黄诗贤、黄斐玫、樊明捷、刘为煜完成；创新湾区部分由李福映、郑清菁、孙婷完成；互联湾区部分由李春海、石爱华完成；协同湾区部分由赵亮完成。第二部分湾区见解由许丽娜提供"城PLUS"公众号相关文章与图纸素材，石爱华和赵亮参与编辑，各作者独立完成并已在篇尾标注，在此不一一罗列。第三部分湾区对话由许丽娜提供整理后的文章与素材，石爱华与赵亮参与编辑，各作者独立完成并已在篇尾标注，在此不一一罗列。其中，特别感谢湾区对话中孙文勇、刘菁、徐雨璇、解芳芳、罗方焓、陈少杰、蔡澍瑶等负责文字整理工作。感谢参与相关研究和指导工作的其他同事，包括朱荣远、王泽坚、罗彦、戴继锋等各位编委在本书的编写过程中提出的宝贵意见与建议；感谢本书中作为案例分析的中国城市规划设计研究院深圳分院各项目团队的辛苦劳动。本书也参考了国内外一些新的研究成果，未一一列出，在此，谨向他们一并表示诚挚谢意。欢迎对粤港澳大湾区规划学术研究感兴趣的同仁和我们交流。祝愿中国城市规划设计研究院粤港澳研究中心和中国城市规划设计研究院深圳分院明天发展得更好！

2021年7月于深圳富春东方大厦